数字经济下
中国产业转型升级研究

鄢小兵　著

吉林出版集团股份有限公司
全国百佳图书出版单位

图书在版编目（CIP）数据

数字经济下中国产业转型升级研究/鄢小兵著. --

长春:吉林出版集团股份有限公司,2020.5

ISBN 978-7-5581-8213-6

Ⅰ.①数… Ⅱ.①鄢… Ⅲ.①产业结构升级－研究－

中国 Ⅳ.①F269.24

中国版本图书馆 CIP 数据核字(2020)第 068060 号

数字经济下中国产业转型升级研究

SHUZI JINGJI XIA ZHONGGUO CHANYE ZHUANXING SHENGJI YANJIU

著　　者	鄢小兵
责任编辑	冯　雪
封面设计	马静静
出　　版	吉林出版集团股份有限公司
发　　行	吉林出版集团社科图书有限公司
电　　话	0431－81629712
印　　刷	北京亚吉飞数码科技有限公司
开　　本	710mm×1000mm　1/16
字　　数	211 千
印　　张	11.75
版　　次	2021 年 8 月第 1 版
印　　次	2021 年 8 月第 1 次印刷
书　　号	ISBN 978-7-5581-8213-6
定　　价	62.00 元

前　言

　　数字经济是互联网、云计算、大数据、人工智能等新一代信息技术与经济社会各个方面深度融合后产生的结果,是引领全球经济增长的重要引擎之一。我国数字经济目前已经进入快速发展时期,各项指标位居世界前列,数字技术与传统经济持续融合,我国已成为名副其实的数字经济大国。继工业化之后,数字化将成为带动我国经济增长的核心动力和未来我国落实国际重大战略的关键力量。作为信息技术深入发展而产生的一种新的经济形态,数字经济也面临新的生产方式与传统生产方式、新的规则要求与传统习惯之间发生的冲突。我国经济进入新常态后,产业转型升级面对数字经济这一时代命题。数字经济改变了传统的生产要素结构、生产方式、消费方式、产业形态和经济增长机制,推动了经济发展方式的转变。基于此,本书主要在产业层面并结合中国国情探讨数字经济下我国产业转型升级。

　　改革开放 40 多年后的今天,"我国经济已由高速增长阶段转向高质量发展阶段,正处在转变发展方式、优化经济结构、转换增长动力的攻关期"。随着我国低成本生产要素优势逐渐消失、资源能源约束和环境承载力限制的压力日益加大,我国传统产业低成本、高能耗、高污染的粗放式增长模式难以为继。在后发国家工业化和发达国家再工业化的双重冲击下,我国产业转型升级刻不容缓。

　　我国产业转型升级面临诸多挑战和机遇,需要理清实施目前产业转型升级存在的问题,并借鉴发达国家的相关经验。农业领域要提升重要农产品竞争力、改善农业生产条件、加快培育新型农业经营主体、大力发展生态友好型农业和加快农业"走出去"步伐,并构建农村土地金融制度;工业领域要重视我国进入工业化中后期阶段后,制造业结构升级的特征、影响因素和发展趋势,采取措施加强我国煤电油气运保障能力建设,在产能过剩背景下落后企业退出市场的机制和政策,发挥市场主体在新能源汽车技术路线选择中的主导作用;服务业领域要树立服务业适度优先发展战略,推进服务业聚集发展示范区建设,促进服务业和制造业融合发展。

　　本书在数字经济发展背景下,旨在探寻我国产业转型升级的路径以提升其核心能力和国际竞争力,推动我国成功实现经济转型和进入高收入国家的战略目标。全书共分为七章。第一章数字经济概述。本章阐述数字经济产生的背景和意义，解读数字经济的内涵、基本特征与发展趋势，剖析数字经济的技术及应用发展趋势。第二章产业结构演变与转型升级。本章介绍产业结构的相关概念与理论、我国产业结构现状评估，分析产业结构演变的动因及趋势、阶段性特征和产业结构转型升级存在的问题以及发展趋势。第三章信息化对产业转型升级的影响。本章对信息产业进行概述，介绍信息化与产业转型升级的研究背景，分析信息化对产业转型升级的影响机理，梳理我国信息化与产业转型升级耦合协调发展研究，借鉴发达国家信息化推动产业结构转型升级的经验。第四章至第六章，分别分析了数字经济下的农业、工业和服务业的转型升级。第七章从农业、工业和服务业三方面具体阐述了数字经济下我国产业转型升级的案例。

本书的撰写得益于相关借鉴书籍及作者的启发、帮助，得益于相关出版行业领导、项目编辑、责任编辑的热心支持、鼓励帮助与不厌其烦地修改校对。没有上述的专业建议指导、宽容理解及敬业奉献，就没有该书的出版问世。在此一并表示衷心感谢和敬意。谢谢！

作　者

2020 年 4 月

目　　录

第一章 数字经济概述

在全球信息化进入全面渗透、跨界融合、加速创新、引领发展新阶段的大背景下,云计算、大数据、人工智能、无人驾驶等新型数字经济取得了长足进步,加快与经济社会各领域渗透融合,带动技术创新、推动产业升级、助力经济转型、促进社会进步。在未来的几十年里,机器人、无人机等新产品将不断升级,迭代速度越来越快;电子商务、网约车、个性化定制等新模式不断涌现,生产生活方式将发生翻天覆地的改变;共享经济、云制造、互联网金融等新业态不断发展,数字经济正在重塑整个社会生态,已日益成为国民经济的重要组成部分。

第一节 数字经济产生的背景与意义

一、数字经济产生的背景

(一)数字经济产生的基础

20 世纪 90 年代,受技术发展、社会环境和经济发展等因素影响,产生了"数字经济"这一概念。在这一时期,互联网的公共商业化应用逐渐铺陈开来,电子通信技术(Information and Communication Technology,ICT)及其相关硬件的发展构建了数字经济的技术基础。与此同时,随着社会进入信息知识大爆炸的时代,经济结构开始从物质型向信息型转变。人们对知识和信息的渴求进一步加速了数字化发展,人均教育水平的提升也使得数字化变革更易被熟悉和认同,并由此促进信息通信技术的社会化融合。

在经济方面,美国经济自 1991 年 3 月到 2001 年 3 月经历了将近十年的长期增长,并出现了"两高两低"(高经济增长率、高生产增长率、低失业率和低通货膨胀率)的繁荣景象。美国的这次经济腾飞,极大程度上得益于电子通信技术的发展。1993 年,克林顿政府正式推出"国家信息基础设施"工程计划(NII),该计划在全美构建了遍及全国城市与乡镇的"信息高速公路",不仅带动了经济的发展,也推动了社会加速进入数字化时代。

（二）数字经济发展的政策推进

加拿大商业战略大师唐·泰普斯科特（Don Tapscott）于1995年正式出版了其经济学著作《数据时代的经济学》（*The Digital Economy*），"数字经济"这一概念由此被正式提出，并逐渐广泛流行开来。

在数字经济发展初期，各国政府先后出台相关政策加强ICT基础设施的建设。新加坡自1981年开始先后实施完成了"国家电脑化计划""国家IT计划""IT计划""Infocomm21计划"和"全联新加坡计划"，使得新加坡在家用电脑家庭互联网接入、家庭宽带与企业宽带接入、移动电话普及等方面获得了巨大的发展。日本在2009年为应对日渐疲软的经济环境，紧急出台了宏观性的指导政策"ICT新政"，其实施性文件——"数字日本创新计划（ICT Hatoyama Plan，亦称ICT鸠山计划）"纲要，作为日本随后3年中优先实施的政策。英国政府于2009年推出了"数字大不列颠"行动计划，推动英国宽带基础设施建设以及ICT技术产业的发展，将之作为应对经济危机的关键，并在2010年4月颁布并实施了《数字经济法2010》，加强对数字产品的管理，以及版权的保护。澳大利亚政府在2011年5月31日启动了国家数字战略，涉及宽带建设、在线教育等8项具体目标。

2018年，在阿根廷召开的G20峰会对新工业革命、数字经济测度、数字经济工作技能、缩小性别数字化鸿沟和数字政府等五个主要方面对数字经济的发展进行了探讨。同年5月，欧洲联盟探讨了数字经济与整个欧洲联盟的发展关系。11月，亚太组织第一次将目光转向了数字经济，并对其进行了相关的探讨。相信在今后，会有越来越多的国际组织对数字经济进行关注，并适时地推动数字经济的发展，随着我国数字经济的快速发展，欧洲各国将我国作为了关注目标，我国也成了数字经济聚焦的中心之一。

（三）全球数字经济进入新阶段

1. 数字基础设施开始新一轮布局

网-云-端，是数字基础设施的关键组成和数字经济持续健康发展的加速器。2018年以来，数字基础设施的建设引起了越来越多的发达国家的重视，并积极进行布局。这一轮布局的关键点有两个：一是加快人工智能基础设施建设的步伐，如美国和英国都将投入大量的资金用于下一代通信基础设施的建设，但是投资的重点在于人工智能的建设与升级；二是促进5G等数据传输网络建设。如法国和韩国等国家都对5G基础设施建设作了部署,但是布局重点是如何实现万物互联,构建数字生态系统。数字基础设施的新一轮布局促进了数字经济的快速发展,使其进入了 2.0 阶段,同时,不同国家之间、同一个国家的不同地区之间的数字鸿沟也被进一步拉大。

2. 数据安全成为数字经济发展的基本要求

2018 年以来,数据保护与流动、网络安全与空间治理成为全球关注的重点。一是欧盟积极推进数据安全保护政策。欧盟出台的《通用数据保护条例》(GDPR)与《非个人数据在欧盟境内自由流动框架条例》共同奠定了欧盟内部数据流动的基本框架。二是主要发达国家开始重视数据安全问题。英国出台《英国 2016—2021 年国家网络安全战略》,强调网络安全应以国家安全为目标。随着"互联网中立原则"的废除和 Cloud Act 法案(《澄清境外合法使用数据法案》)的签署等一系列举措,国际网络安全将出现新格局。国际数据保护规则的多变将给各国数据安全、网络空间安全带来挑战。

3. 数字融合从消费端向生产端渗透

数字经济将进入以人工智能为载体的数字技术与生产端全面融合阶段。一是与医疗健康、交通运输、教育融合在一起,形成智能终端,满足居民需求。如美国和欧盟在生物医药研究方面引入机器学习、虚拟现实等新技术,改善诊断与治疗水平;德国将在环境和气候领域启动"灯塔应用"的示范项目,为公众谋福利。二是与制造、能源、科研及运输融合,促进全球价值链升级,改变国际产业格局。如欧盟将在制造业或能源等重点领域创建欧洲数据空间,促进欧盟内部人工智能研发和应用的协同;德国将建立全国创新网络,为企业提供数字技术、商业模式等方面的支持。数字技术向生产端沉淀,将给传统产业转型升级带来挑战。

4. 数字货币成为数字经济发展的重要组成

当前,数字货币的合法性得到了一些发达国家的承认,并对其进行了监管。如比特币在 2017 年 4 月 1 日被日本承认。数字美元于 2018 年 7 月 18 日由 IBM 发行,并且得到了美国政府的认可。同时 Bakkt 的设立将是加密世界一个标志性的事件,意味着加密资产对华尔街机构投资者的大门正在逐渐打开。2019 年 6 月 18 日,Facebook 公布了加密货币 Libra 白皮书,希望能建立一套简单、无国界的货币和金融基础设施。虽然各个国家都对这一做法表示担忧,但是欧盟仍一意孤行,所以数字货币仍是大势所趋。此外,OECD 和 G20 共同做出的一份中期报告《数字化带来的税收挑战》中提出,要对加密货币和区块链技术形成的数字资产交易信息进行监管。未来,数字货币的产生与发展将给全球金融业监管带来新挑战。

5. 数字经济国际合作进入新阶段

数字经济国际合作进入了探索阶段。一方面,2018 年国际组织开始增设数字经济相关领域的合作谈判,开启新一轮的国际关系调整。如世界经济论坛、经济合作与发展组织(Organisation for Economic Co-operation and Development,OECD)、亚洲太平洋经济合作组织(Asia-Pacific Economic Cooperation,APEC)、世界贸易组织(World Trade Organization,WTO)、20 国集团(Group of 20,G20)和金砖国家(BRICS)等都在大数据发展、个人信息保护、网络安全等领域发布报告或推进相关规则谈判。另外,由于各个国家在数字税方面发生了分歧,这在一定程度上给数字经济的国际合作带来了难度。欧洲多国开征数字税,而 G20 各国坚持税收中性原则,美国则"坚定反对任何国家单独挑出数字公司进行征税的提议"。数字经济也给税收征管、反洗钱等领域带来了挑战。

二、中国发展数字经济的战略意义

随着全球信息化步入全面渗透、跨界融合、加速创新、引领发展的新阶段,我国也借势深度布局、大力推动数字经济的发展,从而使其逐渐成为整体经济创新发展的强大引擎,并为全球经济复苏和优化发展提供借鉴和启发。数字经济是在计算机、互联网、通信技术等新一轮信息革命的基础上发展起来的,因此也被称为信息经济。对于正处在整体经济转型升级关键期的中国经济而言,发展数字经济显然具有十分重要的特殊意义,有利于推动新常态下我国经济发展和创新战略的落地。

疫情以来,以"新投资、新消费、新模式、新业态"为主要特点的数字经济已经成为推动我国经济社会平稳发展的重要力量。根据国家统计局公布的数据,2020 年第一季度,我国国内生产总值同比下降 6.8%,而数字经济领域呈现出较好的发展势头,成为保就业、保民生、保市场主体的"蓄水池"和保产业链供应链稳定、保基层运转的"节拍器"。第一季度,电子元件、集成电路产量同比增长 16% 和 13.1%,信息传输、软件和信息技术服务业增加值同比增长 13.2%,电子商务服务投资同比增长 39.6%。3 月份,计算机、通信和其他电子设备制造业增加值同比增长 9.9%。在经受住了疫情带来的压力测试之后,我国数字经济进入了提速换代的新阶段,亟待通过打造数据、技术、产业、商业、制度五个闭环,构建数字经济新型生产关系,进一步激发数字生产力的发展活力。

(一)数据成为新的生产要素

从人类社会的发展历史来看,每一次产业革命都将实现社会生产力的巨大提升:农业革命推动人类从采集捕猎转为种植畜养,大大增强了人们的生存能力,使社会从野蛮、蒙昧时代进入文明时代;工业革命推动家庭作坊式的手工生产形态走向规模化的机器大生产,极大地提升了人类社会的生产能力,改变了以往的物质匮乏状况。同样,以计算机、互联网、通信等先进技术为代表的信息革命推动了社会生产生活方式的数字化、网络化、信息化、智能化。

由于新技术的出现,作为新能源的数据随时随地产生,并且能有机会实现流动、共享、融合和开放,成为当代劳动力和资本之外的又一生产要素。在传统的数据应用生态中,由于生态的封闭性,数据的流动往往局限在企业内部,而新技术的应用使得数据这种新的生产要素可以在云计算平台之上走出企业,与外部数据进行融合,激发出更大的生产力,不仅驱动企业业务和决策效率的提升,同时也成为业务创新的新核心。新技术与新资源的融合创新会产生无限的想象和空间。

(二)数字经济扩展新的经济发展空间

一方面,数字技术创新带来的社会新财富的增长和经济潜力的释放,成为未来经济的主导力量。新技术提供的增长潜力,优化生产结构、提升生产率和质量水平,对生产和生活方式产生深刻影响,变革经济社会的组织及管理方式,并在相当长的时期内对各层面的经济结构、经济运行模式、产业组织形态、微观主体活动造成全面影响,实现产业革命和新经济格局。另一方面,数字经济有利于推动世界经济从高投入、高能耗、高污染的传统发展模式转向高效、节能、低碳的集约型模式,促进产业绩效提升和产业结构优化,进而为整个经济社会可持续发展提供坚实保障,成为世界经济发展的新趋势。

(三)数字技术推动的产业融合成为经济发展新动能

数字技术的进步与发展既推动了以信息通讯产业为核心的相关数字产业交互融合,也推进了经济中的跨产业融合,并广泛拓展到生产、分配、交换、消费、社会治理等领域,最终形成农业、工业、服务业的数字化。2020年,数字经济与制造业融合需求将进一步培育和释放,在政策引导和领军企业带动下,制造业从数据集聚共享、数据技术产品、数据融合应用到数据治理的应用闭环体系将加速构建,重点行业和关键领域的数字转型将从网络和设备数字化升级向制造全流程、全环节的数字化延伸。同时,随着人工智能、工业互联网、虚拟现实等数字技术在传统产业领域的广泛应用,制造业与服务业的双向渗透能力和渗透速度将大幅提升,个性化定制、共享制造、产业链协同制造等新模式新业态将加速成熟。

第二节 数字经济的内涵及发展趋势

一、数字经济的内涵

"数字经济"中的"数字"至少有两方面的含义。一是作为数字技术,包括仍在不断发展的信息网络、信息技术,比如大数据、云计算、人工智能、区块链、物联网、增强现实(AR)/虚拟现实(VR)、无人机、自动驾驶等,将极大地提高生产力,扩大经济发展空间,产生新的经济形态,创造新的增量财富,同时也将推动传统产业转型升级,优化产业结构,从传统实体经济向新实体经济转型。

在这些数字技术中,人工智能的重要性越来越凸显,智能将渗透到经济生活的各个环节,相对于工业经济时代的新技术解放人的体力,数字经济时代的技术将解放人的脑力,新型的数字经济也将是"智能经济"。

二是数字即数据,特别是大数据,既是新的生产要素,也是新的消费品。大数据作为新的生产要素,不仅能够提高其他生产要素,比如资本、劳动的使用效率和质量,更重要的是,将改变整个生产函数。即经济活动的组织方式,通过平台化的方式加速资源重组,提升全要素生产率,推动经济增长。而作为消费品,数字所包含的信息、知识、数字内容、数字产品已经形成了非常大的市场,同时也成为新的财富载体,直播、短视频、数字音乐、新闻推送等产业极富创造力,且增长速度飞快。

可以认为数字经济是经济变迁的新阶段,是继农业经济、工业经济之后的新经济形态。数字经济是数字技术经济范式框架下,通过数字创新的带动,数据成为新的生产要素,以信息通讯产业、互联网、物联网和移动通讯网为基础设施载体,以数字经济基础产业与实体经济跨部门和跨产业的融合为特征,重塑经济发展格局的新经济形态。

二、数字经济未来的发展趋势与战略设想

当前数字经济已经从单纯的新型经济、网络经济发展为多元化,深层

次的综合性经济体,数字经济已然成为全球经济发展的重要载体。网络覆盖面越来越广,数字经济已经深入到人们的日常生活中,正在悄然改变着人们的生活方式。数字技术经济的进步给数字经济的发展带来了新的机遇,也面对着新的挑战,使未来数字经济发展的趋势呈现以下特征。

（一）数字经济不断融合发展

如今网络的覆盖面积越来越广,给数字经济的发展提供了一片沃土,全球都在面临着一场经济产业改革,大量的融合性产业不断出现,为数字经济的发展提供了机遇。数字经济主要以互联网为载体,电子商务、网络商城的不断发展使得很多实体经济以网络为平台,以数据为驱动力,不断践行"互联网＋"的经济模式。同时伴随着互联网时代的不断进步,数字经济开始不断转型,智能信息产业正在冉冉升起。人工智能产业、工业智能产业都在不断取得进展。不但实体经济在不断地与数字经济融合,文化产业也在借着数字经济的东风迅速崛起。文化IP在互联网上不断掀起热度,成功推广了大批深具影响力的经典文化作品。与其他产业的不断融合将成为未来数字经济发展的一大趋势。

（二）数字经济的行业技术不断革新

数字经济作为新兴产业,正在不断涌入新鲜血液,未来行业技术将面临不断地革新发展。首先是企业越来越注重自主研发,面对数字经济行业内的激烈竞争,单纯依赖技术引进是难以立足的,必须进行技术创新,自主研发,掌握技术才能占据竞争的制高点。其次,对知识产权的保护意识加强,行业核心技术的研发是需要严密的保护的,加强知识产权的保护,就能为技术革新创造良好条件。最后是专业人才不断进入行业之中,随着数字经济的发展,越来越多的人开始加入到行业中来,未来对于该行业人才的培养力度也会不断增强,为技术革新提供人才支持。

（三）数字经济的资金配置呈现全球化趋势

数字经济是新时代的先进经济体系,这样的新生事物需要大量的资金注入,同时也能吸引大量的资金来帮助发展。同时随着互联网连接全球,国家和地区之间的距离正在不断缩小,数字经济的发展也在逐渐跨越国界,呈现出全球化的发展趋势。一方面,投资市场不断扩大,随着原有数字经济产业不断革新、技术逐渐成熟,新能源、人工智能等新兴产业的兴起,越来越多的投资机构开始将目光瞄准数字经济产业,对数字经济的发展给予巨大的支持。另一方面,实力比较强大的数字经济企业开始不断扩大海外市场,通过海外并购来实现企业的全球化发展。同时,伴随着数字经济的全球化,行业之间的贸易战争也将愈加剧烈,但是另一方面这种竞争也促进了企业之间的联合发展,激烈的竞争也激发了企业的生存能力,使得全球化不断发展。

（四）拥抱平台经济,推进转型升级

在数字环境下,各个企业之间的发展联系纵横交错,越来越紧密。突破了传统分散的网络节点,呈现出整合化的发展倾向。在这样的数字环境下,产业平台将越来越呈现出生态化的发展趋势,由传统的线性连接向网络形式连接转化。

1. 平台经济的定义、发展动力与演进趋势

1）平台经济特征与分类

（1）平台经济的特征。平台经济是一种技术驱动的新的经济形态,其核心是由多方参与形成的生态系统,如图 1-1 所示。这一经济形态的参与者主要有三类:平台的拥有者与运营者（有些场景下两者可能不一致）,供给端平台使用者（如产品与服务提供商等）和需求端平台使用者（消费者、用户等）。平台经济模式下,供给端平台使用者和需求端平台使用者借助平台实现互动与交易,共同完成价值创造流程。平台通过以下维度赋能价值创造流程:价值主张、价格的撮合、交易双方的保护、互动的个性化及合作伙伴关系的形成。

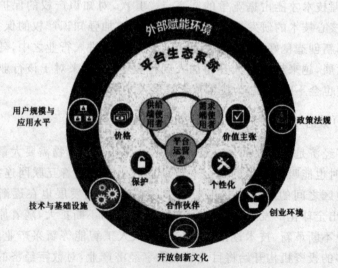

图 1-1　平台经济生态系统

企业融入平台经济,将通过在全新的平台生态系统中创造价值,重新定义未来的发展。平台经济的核心价值来源于以下三大原则。

①网络效应/双边市场。当两大用户群体(通常指生产者和消费者)相互产生了网络价值时,便会形成网络效应和双边市场,而这种互惠互利则能推动供需双方的规模经济。在越来越多互联用户和交易的支持下,平台的网络效应将进一步扩大,价值进一步提升。

②幂率-马太效应与长尾分布。一方面,平台带来的低成本互动与交易,将打破地域等限制,极度放大强势使用者的优势,形成垄断,即所谓头部的马太效应;同时,平台经济的规模效应,能够支持企业在分布曲线的"长尾"中盈利,避免利润在传统(线性)价值链中不断缩水。

③非对称性增长与竞争。通过互补服务来推动核心市场的需求,这些服务往往以补贴(或免费)的方式向用户提供,并且跨越了行业边界。当两家企业以截然不同的方式和资源来争夺市场机遇,就会出现非对称性竞争。平台商业模式下,非对称性增长与竞争将成为常态。

(2)平台的分类。平台的类型多种多样。从不同的出发点入手,将会有不同的平台分类方法。我们将数字化平台分为交易类平台、社交与内容类平台和技术支撑/产业平台,具体如表1-1所示。

表 1-1　数字化平台分类

分类	交易类平台	社交与内容类平台	技术支撑/产业平台
涵盖范围	电商平台、共享服务平台	社交网络、社交媒体、视频直播等	自动驾驶、医疗等
价值核心	算法与软件	算法与软件	行业 know-how,资产与软件
轻资产/重资产	轻资产	轻资产	重资产
中国企业竞争力	强	强	弱
中国企业国际化难度	难	难	易
举例	亚马逊、阿里巴巴淘宝/天猫、优步、爱彼迎、滴滴等	Twiter、Facebook、Netflix、腾讯、优酷、土豆等	GE Predix、高通生命公司的 2net、百度自动驾驶等

(3)平台经济的核心优势,数字化平台放大网络的乘数效应。拥抱平台经济,将成为助力企业高速发展的重要途径。借助数字化平台,企业将以低成本接触空前广泛的用户与合作伙伴,并与之高效互动,通过交易与协同将网络的乘数效应充分发挥。

平台模式下,企业将以平台运营为基础,创造多方位的网络倍增效应,帮助特定市场中的众多利益相关方实现价值。随着平台的不断普及,参与者与更多利益相关方均可从中获益。

数字平台型企业在这方面已积累了多年经验,以 Salesforce 为例,它成功利用其平台型生态系统实现指数级增长,促进企业、客户及终端用户多方共赢。一方面,用户数的增加为应用提供者带来收入增长;另一方面,不断丰富的应用又吸引更多的企业投身平台。过去十年,已有 10 万余家企业采用 Salesforce 平台,开发出了 22 万多个应用。平台型数字化企业,如苹果、谷歌、亚马逊等,也深谙数字化平台的网络倍增效应,其数字化平台已被开发者和用户广泛采用,并由此创造出巨大的价值。平台商业模式下,乘数效应创造的增长与效率,其本质是共赢而非零和,各方都从创新的模式所带来的增长与效率中分享价值。

2)数字技术成为推动平台经济发展与推广的核心动力

平台经济,尤其是数字化平台的发展,离不开数字技术的驱动作用:

(1)移动数据通信服务的发展,使得平台的连接功能更加强大、便捷,能随时随地连接到更多的参与方。

(2)物联网的发展,让平台所连接对象的范围空前扩展,将实体的物理世界融入虚拟的数字世界中。

(3)数据分析技术及近来蓬勃发展的人工智能,使平台运营更加智能化、效率更高、用户体验更佳,并能通过数据变现等缔造出新的商业模式。

(4)云计算架构和一切及即服务(as a service)的模式让平台更易于部署,使用成本更透明、低廉。

(5)应用编程接口(API)和开发软件的发展与推广,使平台功能的扩展更为简便、效率更高。

3)作为数字经济重要模式,平台经济发展迅猛

(1)数字化平台催生众多数字企业巨头,获得资本市场青睐。过去十多年来,互联网和高科技平台巨头快速崛起。其迅速扩张的用户规模,不断优化的用户体验和创新的盈利模式,令人眼花缭乱的技术产品创新和丰厚的财务回报,使平台巨头们成为资本市场的宠儿和职场的明星雇主。

平台型企业在商业上的巨大成功,也给平台经济戴上了闪亮的光环,吸引了传统行业的广泛关注。有关传统行业如何借助平台运营模式提升

运营水平,推动增长的讨论不绝于耳。

(2)平台经济从互联网与高科技向传统行业延伸,拓展平台经济新疆界。信息化与数字化时代,平台经济最先发制于信息技术行业。以苹果为代表的创新的硬件厂商、微软和 SAP 等软件巨头,以及谷歌和亚马逊等互联网翘楚,都是数字化时代平台经济运用的典范。数字化平台模式之所以首先成就于高科技行业,原因有二:首先,沉浸于数字技术的高科技企业,对于平台经济在价值创造方面的放大作用先知先觉,如由于互联网自身特性带来的更强烈的网络效应,数据驱动的智能化带来的效率与效果的大幅提升,以及利用相关技术搭建并运营平台的能力;其次,相关行业技术发展迅速,产品生命周期不断压缩,厂商在最短时间内占领市场,实现投入产出最大化的动机十分强烈,因而愿意尝试新的商业模式,成为商业模式创新的早期实践者。迄今为止,高科技行业创造了很多基于数字平台的新的商业模式:开源软件、众包众筹、基于 API 的开发者经济,等等。

今天,发端于高科技行业的平台经济的价值,被越来越多的行业所认知并重视,其借助平台经济迅速成长的事例,以及资本市场对于这一模式的认可,使传统行业高管面临越来越多"为什么不"的质疑。一方面,数字化平台企业相对传统行业的链状价值创造模式企业有明显的估值优势;另外,一些率先向平台经济转型的传统行业企业,也获得了资本市场更好的认可,企业估值超越同行。此外,互联网巨头通过对于传统行业的渗透,给传统行业企业带来了竞争压力,也让他们需要重新思考在未来的产业价值链中自身的定位。

(3)物联网催生产业平台,打破传统行业疆界,推动商业模式进化。移动互联网和物联网的快速发展与普及,促进了数字世界和物理世界的融合,使数字平台所连接对象的数量与种类空前扩展,平台经济的网络效应迅速放大,是平台模式从高科技行业向以产品制造业为代表的传统产业延展的重要催化剂。其中,基于物联网的产业平台是平台经济推动传统行业转型创新的重要模式。

产业平台是指处于同一产业价值链不同环节的企业,借助数字化平台实现信息与资源共享,运营协同及达成交易的新模式。借助于物联网的发展与推广,业务合作伙伴能利用各种应用程序或设备进行交互;通过技术平台,价值链中的所有业者均能成为数字平台系统的组成部分。此类产业平台的实例包括约翰迪尔公司的 My JohnDeere、高通生命公司的 2net,以及通用电气的 Predix。在许多行业,企业间争夺数字化产业平台的统治地位的竞争日趋白热化。以工业领域的应用为例,尽管工业市场的格局依然不明朗,但通用电气和西门子竞相增加投入,争夺先机。作为欧洲最大的工业制造集团,西门子正在迅速转型为一家数字服务公司,结合软件、平台和服务,为客户提供更好的解决方案。

西门子数字化工厂(Digital Factory)的收入增长速度超过了整个集团的增长速度,而西门子的 MindSphere 平台也表现强劲。PLM 软件和数字孪生技术用于开发和优化新的解决方案,拥有一个共同的技术平台来支持员工合作,而该公司的 Next47 风险投资部门力求在未来五年内投资 10 亿欧元开发 AI 和区块链等技术。

调研表明,物联网产业平台未来的发展将经历四个截然不同的阶段,如图 1-2 所示。第一和第二阶段代表了当前的机遇,从运营效率着手,推动短期价值实现。目前这些活动正在有序推进。第三和第四阶段包括长期的结构性变化,会稍后发生。调查结果也印证了这一观点,即短期内物联网产业平台会产生营收与利润增长等数量影响,但长远看则将推动行业生态与格局发生质的变化:72%的受访者认为产业物联网的发展将对各自企业和行业带来颠覆性影响,而更多的受访者(79%)则认为这些颠覆性影响将在未来五年出现。并且,这些颠覆性影响将在第三和第四阶段以成果经济和人机协作的形式呈现。

随着产业物联网逐步深入渗透至各行各业,它最终将产生拉动式经济效应,实时感知需求、高度自动化运行、灵活生产制造,并且完善各自网络。这一发展需要企业广泛应用自动化技术和智能机器,并在特定场景下实现对人工的替代。因此,未来员工队伍的面貌将发生巨大变化,而且在高度自动化经济中取得成功所需的技能组合也会发生显著改变。

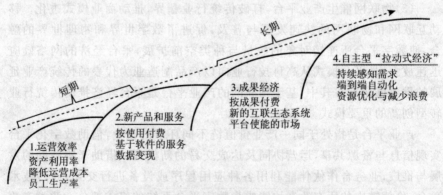

图 1-2 产业物联网的应用及影响路径

4)展望未来:平台经济发展趋势

平台经济诞生至今已有时日,随着作为驱动因素的数字技术的不断发展,平台经济的内涵也不断演进,呈现诸多新的发展趋势。

(1)多样化。平台经济的不断发展,使平台类型越来越丰富,平台的操作交易、促进互动和资源共享的基本功能不断产生新的实现方式和组合方式;从聚焦营销环节的电商平台,到以创新模式供应生产要素,如资本、技能与经验的众包众筹等等。同时,如同自然界中的生态圈,一个成熟的平台系统中参与者的种类也将越来越多样化,以电商平台为例,从最初的连接买卖双方搬合交易,到今天的包括网店代运营、数据分析服务,乃至相关的咨询与培训提供商等种类繁多的增值服务提供者。多样化的平台参与者将令平台的功能更加强大,也将不断提升平台的抗御风险的能力,使之成为平台成员持续运营的重要依托。

基于物联网的产业平台的发展,是平台多样化趋势的重要动力。不同行业迥异的行业属性与特征成为产业平台多样化的基础。

(2)智能化。基于数据分析的数字化运营成为确保平台系统竞争力与生命力的重要保障。一方面,数据分析产生的洞察,将使互动操合与资源共享的平台基本功能更智能化地实现,提升用户体验,提高平台系统的价值创造效率;另一方面,大量发生在平台之上的互动与交易,将积累大量数据。这些数据经过分析整理之后,将为第三方带来巨大价值,因而诞生了数据变现的商业模式,为相关各方带来新的营收来源。

(3)集群化。不同平台间的连接,实现端到端的价值。创造平台经济不断进化的方向之一是集群化。还以 B2C 电商平台为例,从最初解决信息不对称为目的的交易撮合,逐步发展到涵盖价值创造不同环节的支付、物流、广告等,每一个环节都自成平台,同时多个平台之间的数据实现流动与分享,构成面向同一目标用户群的端到端的平台集群,使整个客户价值创造流程平台化。今天,平台集群化的趋势在 B2C 领域迅速发展,而未来在 B2B 领域,基于物联网技术,以数据分析为核心实现智能化运营的工业领域的平台集群也将获得发展,沿着行业价值链不断延伸。

2. 平台经济催生新动能,助力转型升级

1)外部环境变化提高转型升级紧迫性

(1)宏观环境。挑战增多,旧有增长模式难以为继。在基础设施投资与出口双轮驱动之下,中国经济实现了长达数十年的高速增长,成为第二次世界大战后世界经济史上的奇迹之一。然而今天,无论是不断下降的GDP 增速,还是关于经济"L"形走势的论断,都指向一个事实——旧有增长模式已经走到尽头。传统经济增长模式的失速,以及多年来不均衡发展积累的矛盾的爆发,使得企业的增长与盈利面临重重挑战。

首先是生产要素价格的不断上涨,推高了企业的运营成本,威胁国内企业在全球市场上的竞争力:人口的老龄化带来后续劳动力供应的不足,致使劳动力成本上升,而多年来依靠海量货币投入推动增长的模式,造成资产价格,尤其是土地价格猛涨。

其次是需求端的疲软,不仅直接造成增长乏力,更削弱企业的盈利能力。

全球金融动荡冲击了全球贸易,加之全球化进程中利益分配问题引发的逆全球化的风潮,使中国出口增速大幅下滑乃至负增长;作为另一增长驱动力的基础设施投资,常年的巨额投入致使边际回报不断下降,而作为投资主体的地方政府债务飙升,其持续投入的能力受到质疑;与此同时,作为增长支柱与稳定器的消费,尽管仍旧保持增长,但其增速不足以抵偿出口与投资疲弱的影响。

(2)行业内的产能过剩与过度竞争。中国多年来以投资带动增长的发展模式,以及一些特定行业有限的开放度,使多数不存在准入门槛的行业存在不同程度的产能过剩。无论是玻璃、水泥与电解铝等基础材料,还是汽车、造船与家用电器等消费品和资本货物,乃至太阳能电池板和风力发电机等新能源装备,过剩产能的存在使业内企业面对上游供应商和下游客户时议价能力缺失,盈利能力承压。而闲置产能所产生的利息与折旧等费用,进一步提高了企业的运营成本。同时,地方政府出于就业与维稳等目的的保护,使过剩产能的退出渠道不畅,过度竞争将整个行业带向低利益甚至亏损。

(3)跨行业颠覆者的威胁。以 BAT 等为代表的数字经济巨头对于传统行业的渗透与颠覆不断加速,从零售与金融到消费服务,再到医疗与公共服务。凭借对于数字化运营模式的熟谙,雄厚的资本及人才方面的优势,它们改写游戏规则,颠覆传统行业既有模式,使传统行业企业数字化转型的紧迫性不断上升。

平台模式带来的产品服务化及随之而来的共享经济的崛起,对于传统行业通过产品销售创造营收与利润的商业模式带来巨大挑战。产品服务化和共享经济为用户带来的支出节省与资产利用率的提升,从另一个角度即是对于产品总需求的抑制,这将使本已饱尝需求不足之苦的企业雪上加霜。另外,共享经济赖以实现的数字化共享平台的运营者掌握大量用户数据,使产品提供商与最终消费者脱媒,逐步沦为平台运营商的加工车间。

以当前风头正劲的共享单车为例,摩拜和 ofo 等的崛起,给整个自行车产业链的不同环节带来颠覆性影响:对于包括自行车商店在内的零售渠道而言,零售端需求下降集中爆发,带来断岸式的营业收入下降和盈利水平恶化,零售商维持生存,只能为收缩市场,聚焦于免受影响的高端等利基市场;而对于自行车厂商而言,由于共享单车运营商的大规模采购,厂商订单不降反增,但是单车利润明显承压。面向单一客户的单一型号的大规模生产与交付,正使自行车厂商沦为共享单车运营商的生产车间。近来传出消息,国内某著名自行车厂商所承接的共享单车订单,车均利润不足10元。之后,共享所带来的自行车利用率的提升,将压缩市场对于代步型车的需求,导致生产商营收的下降。

2)平台经济推进中国企业增长、提效与创新,跨越S曲线

(1)平台经济推动业务转型:扩展与优化。

①深度互动强化客户联系,拓展新市场,实现差异化。平台商业模式下,企业将更直接地与客户和合作伙伴互动,推进产品和服务的差异化,加速创新,突破恶性竞争的红海;其所带来的与客户和合作伙伴间的直接和智能化的互动,一方面将使企业强化对于客户的需求、偏好、消费场景与购买行为的洞察,使得产品和服务的个性化与定制化成为可能;同时便于将客户引入到产品与服务研发的过程中,实现C2B模式的创新,获取差异化和创新产品的滋价,提高客户忠诚度,提升客户转换成本,加深加宽自身的护城河。而与合作伙伴更加高效、直接和频繁的互动,便于双方或多方的创新活动的整合,实现协同创新,提高创新效率,分担创新风险。研发平台与客户互动平台等的数字化连接,将大幅加速研发进程,降低研发失败率,缩短创新产品与服务的面世时间。

②资源共享降低成本,协同提升运营效率。平台经济带来的资源共享,将提升各项资源的利用率,节省资源获取成本。这里的资源既包括ICT基础设施、仓储物流基础设施等有形的资源,也包括人才与技能、客户关系和供应商资源等无形的资源与能力。其中,互联网企业推进开发者在资源与工具方面共享的成功经验值得借鉴:移动平台之上包括API在内的SDK的开发与共享,为开发者节约了大量的开发时间,提供了便利的数据获取渠道。不仅创造出"开发者经济"的新的商业模式,也使之成为移动应用开发平台吸引开发者的核心竞争力之一。未来,随着消费者洞察的不断深化和设备自身智能化水平的不断提高,人工智能驱动的自动化与自主运营,以及运营流程的自我完善与优化,将带来运营效率提升的飞跃。

③降低跨国运营门槛,加速全球化运营进程。国内经济增长放缓带来的市场增速的下降和随之而来的竞争的白热化,使越来越多的中国企业把开拓海外市场并实现跨国经营作为保持增长动力、实现转型升级的重要路径。平台化运营在促进企业运营全球化方面将发挥重要作用,一方面,电商等前端流程的数字平台本身所具备的跨国属性,将降低拓展海外市场的门槛——无论是借助于eBay、亚马逊这样的第三方电商平台,还是自建电

商网站,都是快速低成本拓展海外市场的渠道;另外,内部流程的平台化运营,将使不同地区的分支机构能够方便实现资源共享,提高运营效率降低成本。

(2)平台经济推动组织转型:敏捷应对颠覆。

①众包众筹打破企业边界,塑造敏捷型企业。根据科斯的交易成本经济学观点,企业的边界取决于市场交易成本(外部)与企业组织内部协调成本(内部)的比较。对于特定的运营活动,当外部市场交易成本低于组织内部的协调成本时,委外就成为理性选择,企业的边界向内收缩。数字化平台,尤其是众包众筹平台模式的兴起,带来生产要素交易成本的大幅下降,使企业将更多的运营环节委外成为可能。随着越来越多的运营流程通过众包模式委外,企业将更加聚焦于核心的运营环节,组织结构更加精简,应对外部运营环境变化的敏捷性大幅提高。

②平台经济推进组织扁平化,迅速感知颠覆并做出反应。平台模式在企业内部的应用,形成平台运营模式,使企业组织结构扁平化的进程大大加速:数字化平台所提供的海量节点同时互动、沟通与协作的能力,使单一节点能够管控与协作的节点数量大幅增加,传统企业依靠多层级来管理大规模运营的组织结构不再必要。扁平化的组织将对于市场与客户需求的变化更加敏感,并能够以更迅速的决策做出回应,成为敏捷企业的重要领域。

③平台型企业所具备的扁平化和高度敏捷的特征,使其能够对外界环境变化保持敏感,并提升其抗御风险、应对颠覆性竞争的能力。平台模式所赋予的与客户和合作伙伴的直接互动,将使企业对客户或合作伙伴需求的变化更加敏感,从而更快地做出反应;而数字化平台对于其上所聚集的大量的合作伙伴与用户的实时洞察,也使得企业更及时地发现颠覆性创新的萌芽;而借助平台模式实现的自身资源与能力的变现,降低了企业对产品产销营收的依赖,使之面对行业或产品生命周期的变化,获得充分的缓冲空间,自如应对。

④打造行业生态圈,强化上下游互动,协同应对颠覆挑战。不同于传统的以上下游流程定义的价值链,以平台经济为核心的生态系统以服务同一外部客户群为目标,借助相互之间的连接形成多样的竞合关系:平台型生态系统由生态系统核心平台和大量的生态系统参与者构成,服务于共同的用户群,参与者基于平台实现互联互通及资源共享与赋能,完成协同的价值创造,并在平台的主导下实现价值分享。数字化平台为核心的行业生态系统,将为参与各方在应对颠覆性变化时带来更强的资源与能力支持。通过与行业生态系统中各方的协同,企业将借助合作伙伴的优势,洞悉用

户需求与竞争态势变化,提供创新的产品与服务。

(3)商业模式创新:跨越 S 曲线,新动能驱动新周期。

①从产品销售到通过平台的服务提供。企业迈向平台经济,实质是要打造一个多方参与的价值创造网络,共同来满足客户的需求。其与传统商业模式最大的不同在于,在客户价值创造过程中自身角色的转换;扮演的角色将不仅是一个生产者或者交付者,而是成为整个价值创造流程的组织者与协调者,其竞争力不仅依赖于自身的能力和对上下游资源的掌控,而且是支撑平台为中心的价值创造网络的高效和繁荣。

②平台建设与运营,强化行业生态系统核心地位。企业拥抱平台经济,建设与运营行业数字化平台,将提升企业在行业内价值创造流程中的地位与控制力。随着越来越多业务活动向平台迁移,以及平台之上共聚集的合作伙伴的不断增加,基于平台的包括核心的客户数据在内的数据资产的不断增长,企业对于作为数字经济时代核心资源的数据的掌握与控制将不断强化。随着数字化产业平台的不断发展,所带来的价值创造与分享的机会将吸引新成员的加入,而平台成员规模的扩大会衍生出更多的商业机会,从而实现平台基于正反馈的良性发展,不断壮大。

③数据变现等创造新的营收与利润来源。随着企业运营数字化的不断深入,海量而且不断增长的数据,将成为企业重要的资产,平台商业模式下的数据资产变现,将是企业利用数据资产创造价值,贡献于企业的营收与利润增长的重要途径,其具体形式包括以下三个方面。

第一,企业作为数据提供商直接出售数据。出售标的既包括基础数据,也包括聚合以后的标签数据。实际应用中,对于向外提供数据,尤其是用户数据,考虑到保护用户隐私的需要,提供经过聚合后和匿名化处理之后的数据更为可行。

第二,企业作为应用提供商向客户提供数据分析相关的应用。所提供的服务,既可以是基于自身设施和经验的数据存储、管理和整合等服务,也可以是帮助客户分析相关数据并产生洞察的互动型数据分析工具及服务,甚至是在精准营销方面提供基于实时数据分析等的交易服务。API 正成为应用越来越普遍的服务提供模式与渠道。与直接出售数据相比,这一模式在提高服务的增加值并拓展盈利空间的同时,还将降低泄露用户隐私等方面的风险。

第三,企业以数据平台提供商和数据聚合者的身份实现价值创造。这一模式下,企业将不再局限于依据自身数据资源提供服务,而是将数据分析业务所涉及的不同参与者(数据提供者、分析服务提供商、客户等)聚集于自身打造的平台之上,使之通过协作和交易等方式完成数据资产的价值实现,并为提供上述服务收取费用,如数据交换/交易市场,以及洞察生成的平台(分析即服务等模式)等。

3)平台经济提升全要素生产力,推动中国经济转型升级

平台经济的发展与推广,将促进各生产要素的供应改善,提高其使用效率,提升中国经济增长质量,推动经济发展模式转型升级。

众包作为平台经济的重要表现形式,将使人力资本投入价值创造的门槛更低,边际成本更低,价值增长机会更多。无论是应用开发和平面设计等知识密集型经济活动,还是物流和出行等劳动密集型活动,都将受益于众包模式下的信息透明与供需匹配;众筹平台的兴起,则成为传统融资渠道之外最具活力的融资模式,优化资本配置,使创新等经济活动的资本来源大幅改善,融资门槛与成本降低;而平台模式下的无缝沟通与协同,提升技术创新的效率,改善资源供应,提升创新水平。

3. 企业实践:转型路径与能力决定平台价值

1)基于自身状况,选择适当的平台类型及平台系统中适当角色

首先,企业必须选择拥抱平台经济的方式:是需要建立自有的数字化平台生态系统,还是与他方合作建设,抑或加入一个或多个现有的平台系统。为此,企业应当客观分析自身所处环境,明晰与合作伙伴的关系和互动模式,并对数字化平台系统的竞争态势进行评估。

对于希望拥抱平台经济的传统行业企业而言,作为行业领军者的大型企业在自建平台系统方面通常拥有资源与规模的优势,并能利用自身在供应链中的主导地位,将供应链中的合作伙伴转化为平台伙伴。而中小企业,囿于有限的资源和较低的行业价值链影响力,自建平台系统的难度大,挑战多,因此选择加入既有的数字化平台通常是更现实的选择。

2)组织机构变革,IT基础设施强化与能力培养,赋能平台新模式

掘金平台经济需要与之相适应的组织架构。鉴于平台商业模式与企业传统业务运营的巨大差别,企业通常需要设立相对独立的业务单元运营平台业务。基于自身组织结构的状况,以及平台业务与既有业务的关联状况,可以考虑不同独立程度的设置:业务单元、部门、分支机构、独立法人等。

从做企业到做平台意味着要进入新的领域,展开跨界经营,为此企业需要建立新的能力储备。平台运营人才的招聘、激励、培养等,都需要充分的关注,并创造性地弥补自身在平台运营方面的人才短板。例如,通过加入第三方平台,在获取所需资源与能力的同时可以积累相关的人才,为进一步的平台化运营打好基础,此外,联盟与合作伙伴也是获取相关技能与

能力的有效途径。平台经济的技术支撑是开放和基于云架构的技术基础设施。平台模式下大量参与者的互动与交易，对于平台的基础设施提出了较高要求。而数字化时代，平台的数字化运营，以及平台之上数据资产的积累与增值，同样要求强大的适应数字化运营的基础设施。基于云计算架构的 ICT 基础设施，是满足上述需求的重要条件：便于实现资源，尤其是数据的共享，同时为 API、物联网乃至人工智能等的应用提供坚实保障。

数据分析驱动的智能运营，将令平台经济的价值创造如虎添翼。在埃森哲就平台经济话题针对中国企业的调研中，受访者最看重的平台支撑技术就是数据分析。作为由数据到洞察的必然途径，数据分析是实现数据资产变现、完成价值创造的核心能力。

3）由内及外，从平台运营模式向平台商业模式迈进

中国企业借助平台经济实现转型升级，应当遵循以下路径，循序渐进地实现（以建设和运营数字化产业平台为例）。传统企业转型平台商业模式路径如图 1-3 所示。

首先是现有业务运营的平台化。前端流程而言，除了众所周知的电商平台之外，与客户的互动，包括营销信息的传播、售后服务的提供等均可实现平台化。在传播环节，线上营销由于其精准和高费效比的特征，正受到越来越多消费类企业的青睐。例如，创新的线上广告程序化购买模式，借助数字化平台的智能撮合功能，使得长期困扰企业的营销支出效果难以衡量的难题得以解决。

	1 现有业务运营的平台化	2 能力开放，产业平台成型	3 引入第三方资源，迈向开放平台	4 积累数据资产，强化数字化运营
核心内容	前端营销流程与后端供应链等流程的平台化运营	建设平台雏形，并在其上有选择地开放自身能力与资源给第三方	引入第三方资源，以及建设子平台，提升平台价值，建设子平台	完善平台的数据生成、汇集、分析和共享功能，强化数据驱动的运营
价值	提升运营效率，为迈向平台模式积累经验与人才	吸引第三方加入平台，为平台的网络效应聚集参与者	丰富平台的服务内容，获取营收	智能化运营，创新商业模式（数据变现等）
平台成员扩展	企业内各部门&价值链伙伴（供应商、渠道等）	平台伙伴	第三方资源提供者	数据分析等增值服务提供商

平台运营模式　　　　　　平台商业模式

图 1-3　传统企业转型平台商业模式路径图

而供应链等后端环节，包括采购、物流等的平台化，在提高运营效率的同时，将为未来的产业平台的建设提供基础。现有业务流程的平台化，在帮助企业积累平台运营的经验与人才的同时，将提升企业的运营效率，强化与业务伙伴之间的协同。

完成业务流程的平台化之后，企业将迈出建设产业平台的重要一步——能力开放，以此吸引合作伙伴留驻平台，使产业平台初具雏形。这一环节，企业需要选择可供开放的能力与资源：研发平台、分销渠道、生产设施，还是用户连接……在平台建设初期，能力开放的目的是吸引足够多的使用者聚集于平台之上，通常需要采取诸如一定时段的免费或优惠价格使用的策略。因此在初期所开放能力的选择上，对于潜在用户群的吸引力和对于既有业务运营的影响的平衡十分重要。

在产业平台初具规模之后，平台创收将成为重要的目标。这时，在通过自身能力开放获取收入的同时，企业将吸引更多的资源提供者加入平台，助其通过平台的撮合功能同用户交易并与之分享营收，一个开放的产业平台就形神兼备了。

产业平台上线运营并跨越盈亏平衡点之后，发展重点就转变为平台功能的拓展，乃至更多子平台的建设，使平台之上不同成员之间互动和交易的潜力得以充分发挥，提升平台的行业影响力。同时，更灵活和多样化的价值分享体系，形成平台与使用者群体之间的互哺与正反馈，平台的生命力不断加强。这些目标的逐步实现，将帮助实现从产业平台向行业生态系统的转化，进一步增强平台对于使用者的黏性，提高使用者的转换成本。推动这一流程不断向前的动能之一，将是平台的数字化水平的不断提升。不断积累的可供利用的数据将是产业平台最有价值的资产之一。

企业向数字化平台驱动的生态系统的全面转型具有革命性意义，越来越多的领先企业已深刻领会到数字化平台生态系统所能产生的巨大价值。在强大的合作伙伴生态系统中，通过利用不断进化的数字化平台，企业将拓展巨大的增长空间。企业深知，在数字时代，其竞争的主战场，正由单个企业间的较量转向数字化平台为核心的生态系统之间的竞争。

随着数字经济的高速发展，平台运营模式所必需的工具和技术正日益成熟，成本不断降低，企业转型平台商业模式的迫切性与日俱增，拥抱平台商业模式，掘金数字经济将成为中国企业转型升级的重要方向。

4. 优化平台发展环境，促进平台经济健康成长

平台经济的发展与推广，在助力企业转型和掘金数据经济的同时，也成为中国产业升级和经济转型，建设数字中国的重要动力。相关各方的共同努力，营造有利于这一创新商业模式发展的环境，促进其健康快速发展，已成为各方共识。

1) 平台经济发展壮大所需的外部环境

平台经济环境指数埃森哲基于在平台经济领域多年的研究和实践，建立

了五个维度的平台经济环境指数,旨在对于全球各国平台经济的发展环境进行可量化的比较,分析发展趋势,明晰地区差异,探寻并分享最佳实践。

(1)数字技术与服务用户——规模与水平。数字化用户的规模对于平台经济的重要性不言而喻。首先,作为平台经济核心的网络效应/双边市场效应决定,用户规模的扩张,将带来价值创造机会的指数级增长。其次,平台商业模式轻资产运营,固定成本较低,营收和利润对于规模的弹性巨大,规模增长带来的收益可观。而用户的数字化应用水平,将决定单个用户在平台商业模式下产生价值的潜力。

(2)基础设施与服务水平。相关数字技术的发展水平,以及充足的基础设施等资产供给,是平台经济发展所依托的外部条件的重要构成。基础设施的供给水平有两个主要的衡量标准,即连接的数量与质量,包括物联网乃至工业物联网的发展水平与普及程度;以云计算等为代表的数据分析与处理潜力,包括潜在的计算与数据存储能力与资源等。

(3)政策法规——治理与信息安全等。数字经济的高速发展及平台经济的迅速推广,需要相关政府与监管部门积极且包容性的政策法规制定与监管实施。一方面,在信息安全、消费者隐私保护等方面订立规范,确保创新与发展的基础;另一方面,与平台建设与运营者等各方合作,制订有利于竞争与创新的游戏规则,推动新模式的发展,实现其社会与经济价值最大化。

(4)数字平台相关的创业环境。平台经济作为创新的运营模式,其发展与推广需要充足的创新人才保障:既包括大量的高质量技术与管理人才,如信息化科技与工程人才,也包括愿意承担风险获取回报,且具备创业相关技能的创业者。数字化平台经济的发展与推广,需要政府相关部门将相关人才的培养作为教育体系发展的优先领域;而平台的实践者则应当选择相关人才富集的区域开展业务活动,提高成功率与投资回报。

(5)开放创新文化。数字化平台作为创新的商业与运营模式,其发展与推广有赖于鼓励创新、宽容试错的文化氛围。以此为基础,平台经济的实践者需要以开放的心态与各方展开合作,推动平台经济的成熟与落地;政府相关部门将在建设创新孵化与聚集区、汇集相关各方和完善平台生态系统等领域发挥重要作用;作为潜在平台经济主导者的行业领袖,则应通过开放相关资源和完善治理结构等推动新模式的发展。

2)中国优化平台经济发展环境建议

(1)聚焦中小城镇与农村,强化基础设施与用户规模等"硬环境"优势。中国消费者和企业对数字技术的全面拥抱,在很大程度上得益于中国高速发展的数字化基础设施。随着移动互联网和以此为基础的智慧城市和无线城市建设的逐步展开,中国的互联网普及率连年升高。"十三五"规划进一步提出,到 2020 年,中国的固定宽带家庭普及率将提升 30％,移动宽带用户普及率提升 28％,并计划积极推进 5G 和超宽带关键技术研究,启动 5G 商用。同时,中国的数字消费者对新技术、新产品和新体验的期望不断提升,催生了一个高度开放、充分竞争的数字消费市场,这为企业的产品创新、服务创新和商业模式创新提供了巨大压力和动力。基础设施与数字化用户规模的优势,使中国成为数字化平台型企业诞生与发展的沃土。

未来中国在 ICT 基础设施和用户规模等硬环境方面,应当更聚焦于中小城市与农村:再加大投入升级这些地区的基础设施的同时,通过教育与培训(如远程教育)提高这些地区人口的数字化知识水平与应用能力。

(2)中国软环境建设:培育开放创新文化,完善配套法规。坐拥基础设施与用户规模优势的中国,如能加强创新文化的建设并完善相关配套法规,则将在全球数字化和平台化浪潮中赢得更大先机。相关部门应着力改善平台经济运行的软环境,加强用户权益保障与风险控制,并加速相关举措的落地,鼓励新技术与新模式实验与推广。借此将释放平台发展动能,降低商业模式与技术创新的成本与门槛,最大化平台经济的发展红利。他山之石,可以攻玉,这方面海外的部分实践可供参考借鉴,如英国金融管制部门的"管制沙箱",允许经过挑选的初创企业试验现行管理系统内无法实验的创意,而管理部门通过对于实验的监督,确保消费者和其他方面的权益得到充分保护。埃森哲相关研究表明,三分之二的中国受访中小企业将相关软环境作为迈向平台模式的优先条件。

第三节　数字经济的技术及应用发展迅猛

一、数字经济带来哪些新技术

新技术从概念上来说可以分为近景技术和远景技术,它并不是单一的某种技术,而是涵盖了多种技术融合的技术群落。近景的新技术主要指在可见的 10 年内,伴随着互联网、物联网在经济社会生活中的广泛应用,大量实时、在线数据的产生,计算、存储和网络技术的飞速发展以及价格的下降出现的以云网端为基础设施的各种技术集合。这组技术群落体现为云(计算)、大(数据)、智(人工智能)。

物(物联网)、移(5G 网络)、生物识别、区块链、无人机、无人驾驶汽车、机器人、虚拟现实/增强现实、3D打印等这些在不远的将来会有大量的实践。新技术的远景则指的是未来30年，伴随着人工智能时代的到来，新一代信息通信技术与材料、能源、生物医学、航空航天、认知科学等领域的协同与融合会呈现出加速趋势，比如基因科技、脑机接口、石墨烯、纳米技术、太空探索、量子计算、空中互联网等具象化新技术的层出不穷会叠加在近景的技术上带动奇点的来临，这些技术之间互为支撑，互相促进，在全球范围内带来社会经济、地缘政治、法律伦理以及人口变化的新趋势。

二、新技术的特点

与传统技术相比，新技术拥有以下几个主要特征。

（1）人工智能无所不在。在数字经济之中，人工智能将无所不在，驱动着比特＋原子＋生物世界三者融合的新世界；以2016年年初的AlphaGo人机大战作为节点，人工智能成为产业界最受关注的一大热点。未来的人工智能将会无所不在，成为很多产品形态的核心技术基础，比如无人机、机器人、自动驾驶汽车、虚拟现实/增强现实等多种产品形态都以人工智能作为核心技术之一。伴随着机器智能化的加深，机器与人共存的世界将会到来，比特＋原子＋生物世界的融合可能会使我们无法分辨是虚拟还是现实。

（2）技术成本和门槛降低，普惠化是趋势。以服务器、存储和软件为代表的传统信息技术产品的价格和门槛都很高，不仅采购成本高，而且维护运营成本也高；以云计算技术为代表的按需服务业务形态使得个人及各类企业可以用很低的成本就获得所需要的计算、存储和网络资源，不需要购买昂贵的软、硬件产品及设备，大大降低了技术门槛，使得计算成为普惠技术。

（3）开放、开源技术生态成为主流。传统的技术往往为某家大型企业所垄断，以封闭技术为主，生态也是围绕着自己专有的技术而建立的。而新技术的特点则是开放、开源技术成为主导，能够调动社会的力量共同完善技术，促进技术的迭代升级。

（4）多种技术同步爆发，跨界技术融合成为主流。传统技术的变革主要以某一种技术的出现和发展为代表，对产业和经济的带动作用是有限的。而新技术则是多项技术同步爆发，技术之间的融合带动多个产业的化学反应，共同飞速发展，比如基因技术＋大数据＋人工智能＋云计算能够推动基因行业的大变革。

（5）随时随地无缝连接。新技术不仅仅是带动人与人之间随时随地的连接,未来会带动人与物、物与物之间的无缝连接,这种连接伴随着以5G网络为代表的移动通信技术的成熟变成现实,带动每个人、每个物都时刻被量化。

(6)新技术迭代创新速度变快。以互联网为起点、以云网端为基础设施的新技术的迭代创新速度比以往任何一个时代都快。新技术安装和扩展的速度很快,用户规模和个性化需求可能急剧增加,这也促使着新技术需要快速迭代才能满足和适应用户规模和需求的变化。

从对未来新技术的布局来看,以美国谷歌公司为例,作为最早提出云计算概念和推出服务的公司之一,面向未来新技术的布局也令人关注。AlphaGo大赛已经初步显示出Google在人工智能领域的领先布局,它还涉足自动驾驶汽车、虚拟现实/增强现实、混合操作系统、无人机、智能家居、医疗和能源、气球互联网(Project Loon)等多个领域。

三、新技术的意义或价值

新技术近景起源于互联网,作为普惠技术群落,未来是实现人人都可以用得起的技术。而这种普惠性可以带动社会创新的加速并激发新的生产力,产生新的社会经济价值。

由于新技术的出现,作为新能源的数据随时随地产生,并且能有机会实现流动,共享、融合和开放,成为替代劳动力和资本之外的又一生产要素。在传统的数据应用生态中,由于生态的封闭性,数据的流动往往局限在企业内部,而新技术的应用使得数据这种新的生产要素可以在云计算平台之上走出企业,与外部数据进行融合,激发出更大的生产力,不仅驱动企业业务和决策效率的提升,同时也成为业务创新的新核心。新技术与新资源的融合创新会产生无限的想象和空间。

新技术远景是以人工智能为核心的跨界融合技术,会带动很多行业的大变革,制造业、交通业、服务业、医疗行业、金融业等行业都因为人工智能的崛起而变得不同。比如,未来无人驾驶汽车主宰的交通系统将不再需要红绿灯和交通标志,而驾照也将是个过时的概念;机械制造行业的未来可能会由智能机器与人协同完成,机器的行为会基于数据+算法不断迭代优化,成为机械制造业转型升级的基础;机器人还将被用于快递、清洁、洗碗和强化安全,未来用于家庭娱乐和教育的机器人会走入寻常百姓家;很多职业都会消失,比如客户服务人员,电话营销人员、会计审计、零售人员等。

第四节　数字经济是发展的新动能

一、新生型数字经济蓬勃发展，为产业转型发展注入新动能

信息通信技术与传统产业的持续深度融合，不断催生出新技术、新产品、新模式，推动新生型数字经济的蓬勃发展。在新生型数字经济领域，我国培育形成了一批具有国际竞争力的骨干企业，生态体系不断完善，尤其在云计算、大数据、无人驾驶、人工智能等领域，全面迎来"黄金窗口"期。

（一）云计算应用前景广泛，为小微企业赋能成效不断凸显

（1）云计算关键技术取得突破。①云计算领军企业的单机服务器规模、数据处理能力极大提升，可支撑金融支付服务等业务的峰值达到世界领先水平。②云计算系统解决方案取得突破性进展，可针对不同业务场景形成多套云计算解决方案，并在政府、政务、交通医疗等领域取得广泛的应用。③数据中心绿色节能水平不断提升，部分国内新建的大型数据中心能够综合利用各类节能技术，降低数据中心的耗能，提高能源的利用率。④深度参与云计算国际交流，我国企业在云计算相关国际标准制定中发挥着越来越重要的作用。

（2）云计算应用正在向传统领域加速渗透。以政府、金融业务为主要突破口，我国云计算应用正在向制造、交通、医疗健康等传统行业渗透。在制造行业，企业依托云服务助力消费者与企业互动创新模式的形成，以智能化、个性化、定制化为方向，推动企业由硬件制造商向"制造＋服务"提供商的升级；在金融行业，基于低成本、高灵活性的信息技术开拓互联网金融发展的新模式；在政务公共领域，提升政府在优化资源配置、应急响应及决策分析上提高洞察力，有力推动政府管理模式创新和社会治理体系变革。

（3）云计算应用带动"双创"的效果明显。目前，云计算已成为我国创业创新的重要基础支撑平台，聚集了大量新应用、新业态、新模式的开发团队，带动就业能力明显，取得了良好的经济效益。云计算的发展也催生了分享经济等新型经济模式，带动广大企业和个人分享资源，创造多元化的增值业务。在云＋计算平台支撑下，一批分享经济平台如雨后春笋般快速发展，为数以亿计的用户提供服务。

（4）云计算服务商正不断强化其生态体系建设。云计算的巨头企业正纷纷打造以"我"为主的云生态，强化对云计算行业的掌控力。云生态构建

已经成为云计算行业最具有竞争力的标志。

（二）大数据产业进入快速增长阶段，产业集聚效应初步显现

发展大数据产业是发展现代服务业、推动经济结构调整、提升经济质量的有效手段，对经济社会发展乃至国家安全具有重要的战略意义。开发应用好大数据这一基础性战略资源，有利于推动大众创业、万众创新，改造升级传统产业，培育经济发展新引擎和国际竞争新优势。

(1)我国大数据市场规模持续扩大，数据源市场继续增长。大数据已成为数字经济这种全新经济形态的关键生产要素。通过数据资源的有效利用及开放的数据生态体系使得数字价值充分释放，驱动传统产业的数字化转型升级和新业态的培育发展，提高传统产业劳动生产率，不断培育新市场和产业新增长点。

(2)大数据应用领域不断拓展，"互联网＋大数据"激发商业新模式。依托电子商务的蓬勃发展，大数据应用领域进一步扩展，一系列基于大数据的互联网金融及信用体系类产品应运而生。以互联网金融领域为例，蚂蚁金服推出芝麻信用，通过综合考量个人用户的信用历史、行为偏好、履约能力、身份特质、人脉关系等信息，准确定位个人用户的综合信用水平。

(3)着力构建大数据产业生态体系，产业集聚效应初步显现。①多地依托产业园加速大数据产业发展，苏、浙、粤等地充分发挥技术和人才优势筹建大数据产业园，也吸引众多知名企业和机构入驻，贵、川、渝等地凭借高海拔、低气温、低电价等优势和财税政策优惠顺势建成各具特色的大数据产业园。②大数据产业发展集聚效应明显，京、津联手布局大数据走廊，凭借技术领先优势吸引大量资本投资和人才流入，分析服务、数据库开发等企业分布较为密集，珠三角地区凭借数据资源优势充分发挥大数据在产业管理、政府治理等方面的应用，呈现大数据企业加速聚集、配套服务体系不断完善的良好态势。

（三）我国人工智能产业打造先发优势，开启数字经济新时代

作为一种革命性的新一代信息通信技术，人工智能正在越来越多的领域快速超越人类，并掀起有史以来最大幅度的科技变革。当前，中国把人工智能放在国家战略层面整体布局、系统谋划，出台《新一代人工智能发展规划》(国发〔2017〕35号)，提出到2020年，我国人工智能核心产业的规模将在三年内超过1500亿元，到2030年超过1万亿元，带动相关产业规模超过10万亿元的战略目标，并依托百度、阿里巴巴、腾讯、科大讯飞等领先企业，推动人工智能在自动驾驶、城市治理、医疗影像、语音识别等领域的融

合应用,打造我国人工智能先发优势。

（四）我国无人驾驶技术紧跟全球步伐,发展潜力巨大

（1）我国政府积极布局高度重视无人驾驶技术的发展。得益于政府的大力支持,无人驾驶技术作为物联网技术的一部分,已经逐渐走出萌芽期,走向快速发展的道路,国际竞争逐渐进入白热化阶段。为加快提升无人驾驶技术水平,我国政府部门出台了多项政策措施加大支持力度,将无人驾驶技术提升至国家战略,作为汽车产业未来转型升级的重要方向之一,如《中国制造 2025》重点领域技术路线图、《"互联网＋"人工智能三年行动实施方案》《新一代人工智能发展规划》等。

（2）国内无人驾驶产业生态较为完善,汽车、科技巨头频繁发力加大研发投入力度。我国无人驾驶产业生态较为完善,在智能零配件、整车、技术、内容等方面形成了较为成熟的商业模式和应用实践,其中互联网巨头和传统车企作为市场主要竞争者,推动了无人驾驶行业的发展。百度、阿里巴巴、腾讯等互联网巨头开始抢滩无人驾驶市场,建立专业团队研发领先技术,并以自身强大的地图导航系统及大规模用户优势,推动无人驾驶汽车行业的发展。

（3）我国无人驾驶技术发展水平紧跟全球步伐,高级驾驶辅助系统（ADAS）应用广泛。无人驾驶技术往往需要经过五个级别方可达到完全自动驾驶阶段,国外基本处于多种功能自动（自动驾驶 2 级）到受限自动驾驶（自动驾驶 3 级）的过渡阶段,谷歌无人驾驶公司 Waymo 以其先进的技术名列全球无人驾驶技术公司首位;而我国整体处于个别功能自动（自动驾驶 1 级）到多种功能自动（自动驾驶 2 级）的过渡阶段,百度无人驾驶技术水平位列全球第七,研发测试车辆已达到全无人驾驶的最高级别（自动驾驶 4 级）。高级驾驶辅助系统（ADAS）作为无人驾驶技术的初级阶段。

（4）我国无人驾驶大规模应用尚未开启,但未来市场潜力巨大。当前,我国无人驾驶技术的研发紧跟全球领先步伐,但无人驾驶汽车的大规模投入应用还有很长一段路。虽然大规模应用尚未开启,但我国汽车行业已成为世界第一大汽车市场,产销规模连年第一,国内庞大、强劲的市场需求将为无人驾驶汽车行业的发展提供独有的市场机遇,助推中国成为全球主要市场。波士顿咨询公司（BCG）预计,15 年内中国将成为全球最大的无人驾驶汽车市场,占全球需求的至少四分之一;美国 IHS 汽车信息咨询公司预测,到 2035 年,全球无人驾驶汽车的销量将达到 2100 万辆,而中国将拥有超过 570 万辆无人驾驶汽车。为便于无人驾驶技术的研发与测试,为大规模应用营造适宜环境,我国政府部门正加紧研制智能网联

汽车规范,组织起草智能汽车创新发展战略,确保把握无人驾驶发展先机。

二、数字经济催生新金融

新金融与传统金融相比是一种新的金融服务体系——它以技术和数据为驱动力,以信用体系为基石,降低金融服务成本,提升金融服务效率,使所有社会阶层和群体平等地享有金融服务,并且它与日常生活和生产紧密结合,促进所有消费者在改善生活、所有企业在未来发展中分享平等的机会。新金融在"五新一平"中的定位如图 1-4 所示。

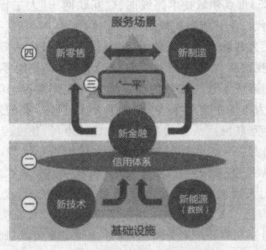

图 1-4　新金融在"五新一平"中的定位

这一定位包含以下四层意义。

(1)新金融以技术为生产力,以数据作为生产资料。两者结合对新金融产生的核心作用在于降低金融服务成本,提升金融服务效率:一方面缓解传统金融在触达获客、系统运营、风险甄别、风险化解等环节中的成本问题,极大地降低单客边际成本;另一方面以高效的算力和智能的算法,结合广谱多维的数据,帮助金融服务中实现决策,极大地缩短从前人工方式需要数天甚至数月的服务周期,甚至达到实时水平,同时避免人为判断失误等原因,达到更精准科学的决策。而金融服务成本降低和效率提升,将最终体现为两方面:一是拓展金融服务的边界,服务于更多人,服务于更多生活和生产场景;二是提升金融服务的体验,让消费者享受安全、便捷、丰富的金融服务。

(2)信用体系不只是新金融的基础,也是整个新商业文明的基石。信用体系的作用在于消除信息不对称,建立互信关系,它不只是金融服务的基础,更是整个商业文明的基石。但传统信用体系存在数据来源单一、更新频率低、用户覆盖不足等问题,新金融基于广谱多维、实时鲜活的数据来源,通过高效的算力和智能的算法,建立健全大数据征信,极大地补充了传统信用体系,并且不只用于信贷、保险等传统金融领域,更将其拓展至出行、住宿、教育、就业等更多与日常生活息息相关的领域,成为整个商业文明的基石,推动诚信社会的建立。

(3)新金融通过提供平等的金融服务促进包容性经济增长。新金融首先为所有社会阶层和群体提供平等的金融服务,尤其是普通消费者和小微企业,保障社会所有群体共享普惠金融的红利。新金融作为新商业文明的重要一环,进一步发挥金融在资源优化、匹配新供需关系上的作用,让所有社会阶层和群体在公平的环境中共享未来发展机会。

(4)新金融服务于实体经济,与日常生活和生产紧密结合。真正将金融与生活和生产融为一体——对普通消费者而言,金融不再是冷冰冰的金融产品,而是支付宝、余额宝、花呗、借呗、退货运费险、芝麻信用分等已成为"家常便饭"的生活方式改变;对企业,尤其是小微企业而言,支付服务解决零售服务"最后一公里"触达问题、基于大数据的企业征信和小微贷款解决"融资难"问题,低门槛、低成本的金融服务成为"大众创业、万众创新"的保障。总之,新金融融入日常生活和生产,与新零售和新制造等新商业文明有机结合,能更好地服务于实体经济。

三、数字经济催生新零售

新零售产生的原因包括技术变革、消费者认知变化和行业变革三方面。在技术层面,新商业基础设施初具规模:大数据、云计算、移动互联网、端;智慧物流、互联网金融;平台化统一市场。互联网发展逐步释放经济与社会价值,推动全球化 3.0 进程。在消费者认知变化层面:消费者数字化程度高,认知全方位,购物路径全渠道;中国消费升级引领全球消费增长,新一代价值主张,从活下去到活得更好。收入水平低的时候,消费水平很单一,主要是要生存,最重要的需求是卡路里。但随着收入水平不断提升,消费需求的多样化和个性化迅速增加,如何活得更好成为最主要的关注点。

在行业变革方面:全球实体零售发展放缓,亟待寻找新的增长动力。中国实体零售发展处于初级阶段,流通效率整体偏低,缺乏顶级零售品牌。多元零售形态涌现。

数字经济下兴起的新零售具有三大特征,如图 1-5 所示。

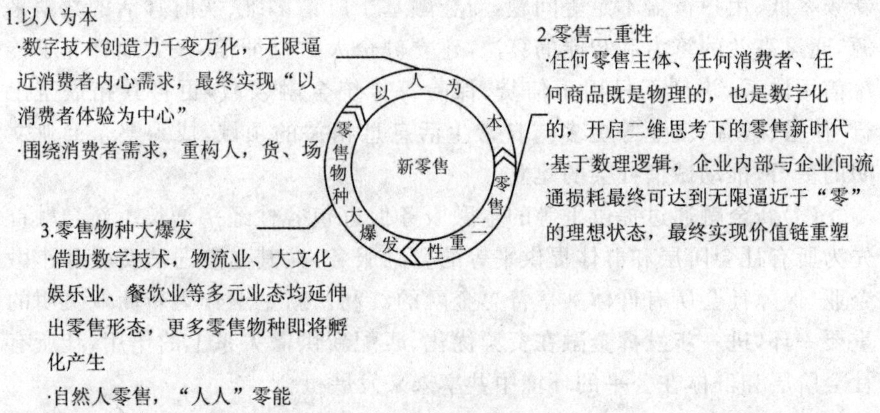

1.以人为本
·数字技术创造力千变万化，无限逼近消费者内心需求，最终实现"以消费者体验为中心"
·围绕消费者需求，重构人、货、场

3.零售物种大爆发
·借助数字技术，物流业、大文化娱乐业、餐饮业等多元业态均延伸出零售形态，更多零售物种即将孵化产生
·自然人零售，"人人"零能

2.零售二重性
·任何零售主体、任何消费者、任何商品既是物理的，也是数字化的，开启二维思考下的零售新时代
·基于数理逻辑，企业内部与企业间流通损耗最终可达到无限逼近于"零"的理想状态，最终实现价值链重塑

（图中文字：以人为本　零售二重性　零售物种大爆发　新零售）

图 1-5　新零售的三大特征

四、多屏时代下的多元盈利模式

由于中国移动互联网的核心词是休闲娱乐，在互联网公司看来，娱乐内容在吸引用户使用互联网方面发挥着与智能手机、移动电子零售、移动搜索引擎和社交平台同等重要的"网络入口"作用。正因为如此，尽管视频业务短期内无法盈利，但是互联网公司积极搭建以网络视频为核心的娱乐平台，相信网络娱乐可以为公司其他业务吸引用户流量，拓宽移动商务渠道。与此同时，互联网巨头纷纷整合网络视频与其他电商业务，以获取更大的协同效应。第一个需要整合的方面是硬件与内容。各大视频网站改变以往单一靠内容质量取胜的做法，逐步扩大智能终端的研发投入。在娱乐终端设备方面，用户逐渐从传统的电视机转向互联网。早期的互联网娱乐设备通常是笔记本电脑，而在智能互联网时代，智能手机成为用户观看网络视频的第一选择。不过，从观看的角度看，小屏幕的智能手机与大屏幕电脑或电视相比还是有些不尽人意。

由于大屏幕能够带来良好的观赏体验，多家视频平台正与制造商合作推出电视盒子、智能电视及其他终端设备。不远的未来，搭载浏览器和网络的智能电视将开始回归，重新成为客厅娱乐生态的中心。目前来看，比起智能电视，许多家庭还是愿意在原来电视的基础上配置一个电视盒子，主要原因是比起设置费劲的智能电视，盒子的价格更低廉且安装方便。

与此同时，软件工程师们正试图将智能手机的屏幕技术应用在电视屏幕上。在未来的时间里，电视有望像智能手机一样安装各种应用程序，智能电视摇身变成多媒体控制中心，发布叫外卖和拨打语音电话等指令。这样一来，开启"互联网＋"模式的巨屏电视除了成为客厅娱乐生态的主要屏

幕外,还将与其他移动终端实现共享,为用户提供相同的娱乐内容。

"内容＋硬件"双向发展的理念在智能手机制造商小米方面得到反方向的印证,具体表现在 2014 年下半年小米注资人民币 18 亿元入股网络视频平台爱奇艺。除生产智能手机外,小米逐渐涉足智能电视(小米电视)、机顶盒(小米盒子)。通过这些小米终端,爱奇艺获取了小米 MlUl 用户群体,进一步扩大在移动视频领域的市场份额。小米的愿录是搭建小米"生态链"下的系列智能终端产品。而爱奇艺的娱乐内容可能正是这些智能终端的公约数。

整合的第二个方面是网络视频与电子商务。网络视频与电子商务结合在一起有助于将更多视频用户转变成为线上消费者,这一商业模式被称为"T20"。

入股优酷土豆网后,阿里巴巴逐渐将淘宝和天猫电商广告投放到网络视频中,巧妙加入商品链接,观众收看电视节目的同时如果遇到自己中意的产品,可以随时下订单购买。

T20 模式可以理解为"边看边买",但大部分观众是否喜欢边看节目边做购物选择仍有待分晓。为了避免降低观影体验,目前许多节目的安排给观众更多的选择。观看视频时碰到心仪的衣服或电子产品时,观众可以直接下订单购买。也可以先放入购物车,等看完节目后再购买。总体来说,T20 已经形成一定规模,但是否能真的创造一种全新的电子商务模式,仍需市场的进一步检验。

整合的第三个方面是网络视频与其他屏幕中的娱乐内容("多频联动")。网络文学作为 IP 产业源头,是数字化出版、游戏、动漫、电影和小视频等数字化产品的基础。近年来,爱奇艺和乐视等视频网站出品的网络自制剧通常都改编于网络文学,并在互联网和电视上同时上线。而《盗墓笔记》等网络热播剧都推出了同名电影。未来的趋势是优质 IP 可以被加工成为不同的娱乐产品并出现在智能手机、笔记本电脑、智能电视和电影院多个屏幕上。同时,线上和线下娱乐之间的界限也在逐渐模糊。例如,在电影行业,从线上到线下模式(online to ofline,O2O)的主要价值就在于将线上游戏、社交平台与线下观影结合起来。

总之,网络娱乐并非仅仅是从大屏幕(电脑、电视、影院屏幕)向小屏幕(智能手机、平板)的单一朝向的迁移,而是观众在多屏之间自然切换的双行线。作为网络公司,要做到的就是不管是线上屏幕还是线下屏幕,都要时刻吸引并保持用户的注意力,且努力简化移动支付过程,以确保观众随时随地消费娱乐内容。就如电商进入全渠道的新零售时代,网络娱乐也正式开始了多屏时代。

在信息消费方面,人工智能已经开始改变信息分发领域。大趋势上来看,用户不仅需要更便捷智能地找到信息,也需要个性化、针对性的信息主动推荐:在"人找信息"的同时,实现"信息找人"。在媒体与内容领域,新用户数目高速增长的"用户红利"阶段已经过去,下一阶段挑战在于以媒体智能化精准传播内容,从而赢得用户注意力和培养用户黏性,特别是针对最年轻的用户群体的"个性化"要求。

作为新新人类,"90"后、"00"后物质生活优渥,与互联网共同成长,因此更加看重品质化、娱乐性、个性化的服务。他们青睐更加智慧的资讯APP,从功能/兴趣、分享等角度出发,简单、高效地获取个性化内容,然后完成内容的分享和交互。智能资讯将正确的内容智能匹配给正确的用户,而且内容能契合用户当下的关注点、兴趣点和使用场景,从而实现信息分发的千人千面,完全符合年轻群体的需求。

其中最典型的例子就是新闻服务的智能分发。本来互联网门户新闻客户端早已竞争激烈,但是以今日头条、天天快报和一点资讯等为代表,基于人工智能技术的移动资讯应用快速崛起。它们通过技术方式分析用户的不同喜好,从中挑选出用户可能更喜欢的内容进行资讯推送来实现"千人千面",迎合了碎片化阅读时代用户副资讯的需求,同时解决了信息大爆炸时代的过载问题;因此,月活跃用户的数目很快过亿。

同时,资讯的智慧发送不但是"千人千面",也是"一人千面"。即使是基于相同的地理位置而触发的信息,但因为他们不同的历史搜索数据,不同的实时兴趣点等,最后系统为用户适配的信息也会完全不同。信息分发技术会详细定义用户一天的时间,通过大数据去发掘用户在不同时间、不同场景的内在需求。比如,某金融机构商务男士白天都在办公楼,但在上午9点,在信息流看到的是昨晚美国股市交易和国内金融政策发布的新闻(与工作相关)。下午5点他会看到和电动汽车相关的资讯(交易所关市后个人兴趣爱好方面的阅读)。

智能资讯时代的巨大影响力远远不止于新闻推送服务。在人工智能加上互联网的驱动下,各行各业都将会越来越服务化,未来将在新零售、O2O服务、移动娱乐等领域都产生重大的商业模式影响。例如,在晚饭后的休闲时间,一位时尚单身女性和一位年轻妈妈打开同一个移动消费APP的时候,她们看到的首页信息流是完全不同的。时尚单身女性因为一直关注时尚名牌,而且近期在搜索节日旅行的信息,所以智能APP给她首先分发的是欧洲、韩国化妆品促销广告,还有澳洲、欧洲的短期旅游团介绍。与此类似,年轻妈妈首先获得的是新西兰奶粉等跨境电商信息。

"新零售"是"全渠道"的又一次飞跃,其本质就是基于大数据的智能适配的信息分发,从而将给传统零售模式带来颠覆性的变化。"全渠道"虽然可以通过跨媒体、跨平台的营销投放广泛覆盖潜在用户群,但是对目标人群无法进行准确的识别。通过搜索大数据的洞见将人群进行细分,商家可以将产品的信息用最合适的姿态去触达到受众,减少信息传播的成本浪费。

"新零售"的愿景是,无论目标消费群处于品牌和商品认知的哪个阶段,或是消费决策路径的哪一个环节,商家和品牌的信息智能分发服务都可以相应地覆盖。通过精准的用户识别,为用户提供最合适的内容设计和信息触达,从而快速引发用户的购买欲望,将产生交易的可能性最大化。比如新品上市宣传,可以先通过信息流推荐,进行话题或事件营销,制作爆点,建立用户的认知、兴趣和好感,然后直接引导用户在搜索中获得品牌或产品的详情信息、实现转化,后续还可以基于用户的行为洞察,以不同的内容形式,持续地给用户传递品牌理念和产品价值。

五、数字经济催生智能教育

数字经济下,教育的改变,最主要是智能教育的出现。几百年来,教育大多采用相同的结构:"讲台上的圣人"和"流水线"模式。随着人工智能不断颠覆消费电子、电子商务、媒体、交通运输和医疗保健等行业,教育将是下一个重大的机会。

由于教育是人们在所有其他领域取得进步的基础,因此它有潜力成为人工智能最有影响力的应用。

教育市场主要分为三个部分:K-12(即从小学到高中),高等教育和企业培训。这些都正在经历转型。在 K-12 市场,我们看到更严格的教学标准,将重点转移到衡量学生批判性思维和解决问题的技能上,并为大学和职业做好准备。在高等教育中,我们看到通过 MOOC(大规模开放在线课程)和 SPOC(小型私人在线课程)向在线学习的转变。在企业学习中,我们正在看到向虚拟培训的转变,因为人力资源部门专注于降低成本并提高员工的生产力。教育行业主要有三种类型的参与者:内容、平台和评估者。内容出版商正在迎接数字转换的挑战,并为开放教育资源提供内容。学习平台正在尝试区分适应性、个性化和分析空间。评估者也在进行调整,从多项选择测试转向更具创新性的问题类型。

在技术采用方面,教育一直是相对滞后的。然而,这是一个优势,因为它不需要经过其他行业必须经历的传统基础设施的安装,而是可以通过直接采用移动智能手机实现技术跳跃。

　　很快,我们将可以看到人工智能在教育中的几个应用,例如,用于为学生的书面答案评分;回答学生的问题;辅导学生的虚拟个人助理;虚拟现实和计算机视觉为身临其境动手学习提供条件;模拟和游戏化与丰富的学习分析。

　　评估问题是教育的核心。人们无法改善无法衡量的内容。认知心理学认为,评估学习的最佳方法是询问开放性答案问题,让学生用自己的话解释。然而,由于开放性回答相关的时间成本很高,很少被使用。随着数字经济时代的到来,这些都将发生改变。

第二章　产业结构演变与转型升级

改革开放以来,我国经济建设取得了举世瞩目的成绩,在产业结构调整方面也同样取得了骄人的成绩。第一产业产值比重持续下降,第三产业和第二产业产值比重持续上升。第一产业劳动力比重持续下降,第三产业劳动力比重持续上升,第二产业劳动力比重在经历了前10年一定幅度的增长之后,长期保持稳定状态,近年来略有下降。第二产业产值比重的上升是在就业人口没有显著上升的条件下实现的。这些变化表明,我国产业结构水平有明显的上升。需要特别指出的是,受到供给不足长期困扰的农业、第三产业以及能源、原材料和交通、通信基础设施,已先后得到显著改善。与此同时,在国际上增长较快的通信、电子及其相关产业,在我国同样发展迅速。我国电子信息产业长期保持高速增长,现在的产业规模已经超过日本跃居世界第二,成为世界电子信息分工体系中的重要组成部分。

但是,目前我国产业结构方面也存在较多的问题。主要包括:第二产业所占比重仍然过高,产业技术水平低,由此导致的资源和生态环境状况难以承载经济发展的重负;第三产业虽然得到了长足发展,但仍远未适应国民经济发展的要求,结构尚待升级,对就业的带动作用发挥得很不够。产业结构方面的这些问题,是我国经济整体竞争力不强的重要原因。

近40年来,我国在产业结构调整方面做了大量工作,既积累了丰富的经验,又存在着痛苦的教训,需要从理论和实践上加以总结,以利于搞好今后的工作。本着这样一个原则,本章对产业结构演变与转型升级进行全面的理论和实践上的梳理。

第一节　产业结构的相关概念与理论

一、产业结构

一般地,产业结构反映了影响国民经济发展的各个产业之间相互联系和构成的比例关系(臧旭恒等,2005)。因此,产业结构实际上是产业的构成特征,以及各个产业之间相互影响关系特征的总的集合。根据马克思主义政治经济学的观点,产业结构涵盖了生产资料和生活资料之间的关系(李悦,2008)。具体到国民经济的各个行业,产业结构主要是对包括农业、轻工业、重工业以及服务业等在内的产业部门之间和内部关系及各产业部门构成比例的反映。产业结构取决于生产的组织形式,反映了生产要素的配置模式(刘伟和李少荣,2002)。因此,对于某个特定的产业部门,产业结构可用于反映劳动力、资本、自然资源和土地等生产要素的生产组织方式和投入情况(薛白,2009)。根据产业的三次划分法,产业结构则是对农业、工业和第一、二次产业之外的服务业的构成及相互关系的描述。

经济不断增长和发展的过程,实际上是产业结构不断优化调整,以促进各种生产要素进行合理配置,实现更高效率产出的过程(Chenery,1960)。然而,产业之间构成及相关关系的不合理或不均衡作为经济增长的常态,可借助于产业结构调整的方式,改进产业部门之间的协作关系,提高产业内部的资源配置和生产效率(Helpman,2009)。反过来,经济的不断增长和发展也会对产业结构形成反馈作用,从而促进产业结构向着更适于经济高效发展的方向变化。产业结构与经济增长之间实际上形成了一组较为密切的双向联动关系(胡晓鹏,2003)。值得注意的是,当前中国经济发展已进入"新常态"阶段,产业结构高级化成为解决当前结构性缓慢增长的重要途径之一(于斌斌,2015)。不同的经济发展阶段,也决定了产业结构演进的方向和进程。

二、产业结构转型

从广义上说,转型就是由一种状态向另一种状态的转变。就社会经济领域来讲,转型是指社会经济结构、价值观念、文化形态、生活方式等发生转变。转型的实例很多,物体从固体状态向液体状态转变,企业从内向型企业向外向型企业转变,国家经济体制从计划经济向市场经济转变。如此种种,均可以称之为转型。

产业结构转型,即产业增长方式的根本性变化和产业形态的转变,一般分为宏观产业结构转型和微观产业结构转型。从宏观角度说,指一个国家或地区的国民经济主要构成中,产业结构、产业规模、产业组织、产业技术装备等发生显著变动的状态或过程。微观角度是指一个行业内,资源存量在产业间的再配置,也就是将资本、劳动力等生产要素从衰退产业向新兴产业转移的过程。

具体来说,宏观产业结构转型指某一区域的主导产业更替,产业形态的转变,即增长方式从粗放式、高资源消耗、高能源消耗,向主要依靠技术创新、技术进步,实现资源节约和环境友好的转变,是一种增长方式的根本性变化。同时,可根据国内外经济、技术、科技等发展现状和趋势,通过实施特定的产业、财政、金融等政策措施,对其现有的产业结构转型、产业规模等各个方面进行直接调整或间接替代的过程,使其达到合理的程度。产业结构转型涉及产业结构、产业规模、产业技术装备、产业组织等许多方面。因此,产业结构转型过程就是这些方面调整变动的过程。这个过程持续的时间、变动的幅度,也会随着不同国家、不同地区的实际情况而变动。这个过程的效果与技术的先进程度、资金的充裕程度、社会的稳定程度等方面有着千丝万缕的联系。因此,产业结构转型是一个综合而漫长的过程,需要多方面配合。

所谓资源型城市的产业结构转型,即发展资源型城市,包括替代产业和资源产业,通过产业结构转型,摆脱依赖不可再生资源的消耗,大力发展替代产业,在原有产业的基础上,向前或向后延伸延长产业链,称为"小变革";开发和发展替代产业,形成与原有的产业没有直接关系的一种新的资源产业,称为"大转型"。

三、产业结构升级概念

所谓产业结构升级,主要是指产业结构转型的优化和产业效率的提升。产业结构升级必须依靠技术进步。产业结构转型的优化表现为产业协调发展和结构更加合理;产业效率的提升表现为生产要素的优化组合、技术水平和管理水平以及产品质量的提升。

正如产业结构转型升级是产业结构转型演进的必然结果,那么产业内技术升级是产业技术创新、技术进步的必然结果。因此,产业结构转型演进具有必然的规律性,表现为产业结构转型演变是一个从低级向高级、由简单向复杂发展的过程,也是产业结构转型合理化与产业结构转型高度化的过程,即产业结构转型不断优化的过程。产业升级包括两个方面的内容:一是在同一产业内技术水平的不断提高,技术含量的不断提高;二是指不同产业之间的结构升级,是一个产业结构转型不断优化的过程。目前所阐述的产业升级应该是两方面内容的统一与结合。其实施顺序一般是先由某一产业内部的技术不断提高开始,进而是不同产业之间的结构优化。产业结构转型的演进也是有规律可循的。一般情况下,产业结构转型是按照从简单向复杂、由低级向高级的发展过程进行演进,使产业结构转型不断走向合理化与高度化,进而不断从低级走向高级。产业结构转型升级表现为产业之间优势地位的连续不断的更迭,这一过程需要知识不断创新、技术不断进步和产品不断创新。产业升级的内容在不同时期也不一样。目前从世界范围内来看,有几个方面是一致的,即从粗放型产业向集约型产业的转变,从低附加值产业向高附加值产业的转变,从高能耗高污染产业向低能耗低污染产业的转变。具体来说,表现为以下几个方面:

(1)产业结构转型促使劳动力要素按一、二、三产业顺向流动。

(2)产业结构转型沿着劳动密集型产业、资本密集型产业、技术或知识密集型产业分别占优势地位,顺向递进的方向演进;技术集约化,即工业资源结构趋向以技术为主体演进;工业结构软化,即知识和技术渗透到工业生产活动之中。

(3)整体产业链条由低附加值向高附加值提升。

(4)产业结构转型在国际与国内之间、国内各区域之间合理、有效、协调配置,产能过剩低,进出口基本平衡。

(5)资源节约、环境保护、人力资源充分利用,表现为环境得到保护,失业率低,资金、技术充分利用。

总而言之,产业升级要以科学发展观为指引,以人为本,统筹城乡发展,统筹区域发展,统筹经济社会发展,统筹人与自然和谐发展,统筹国内发展和对外开放,转变增长方式,提高发展质量,推进节约发展、清洁发展、安全发展,实现经济社会全面协调可持续发展。

四、产业结构理论

产业结构是指各产业间的相互联系及联系方式。它主要从经济发展角度来研究产业间的资源占有关系,并着重从产业发展的视角,研究产业间的比例关系及其变化(即产业结构演化)规律,从而为政府制定促进经济和产业发展的政策提供理论依据。

产业结构理论的研究对象是产业间的技术经济联系及其联系方式。技术经济联系主要是指按照投入产出技术矩阵关系划分的联系方式,如前向关联、后向关联等,它们的度量指标为前向关联系数、后向关联系数、感应度系数、影响力系数等。此外,还有按照数量比例关系划分的联系方式,如资本占用关系、劳动占用关系、产值比例关系、能耗比例关系、进出口比例关系、效益关系等,它们的量度指标相应为资本结构指标、就业结构指标(劳动结构指标)、产出结构指标、能耗结构指标、进出口结构指标等。

产业结构理论的研究思路可以分为两类:一类是从广义产业概念(即三次产业)出发研究产业间的关系及其演进规律;另一类是从狭义的角度,

即从工业部门内各产业间的关系出发,研究并考察各产业间的结构变化规律。产业结构研究为后起国家加快产业结构转换,促进经济发展提供可能,但同时后起国家也有可能由于缺乏科学的强制性结构转换,引发更大的资源浪费。

第二节　我国产业结构现状评估

一、工业化阶段评估

根据经典的工业化理论,工业化是随着一国(或地区)人均收入的提高,工业发展和经济结构发生连续变化的过程,而人均收入的增长和经济结构的转换是工业化推进的主要标志。因此,在经济发展方面,选择人均GDP作为基本指标;在产业结构方面,选择一、二、三产业产值比重为基本指标;在就业结构方面,选择农业部门的就业人数比例为基本指标。然后,参照钱纳里等(1989年)的划分方法,将工业化过程大体分为工业化初期、中期和后期,再结合相关理论研究和国际经验估计确定了工业化不同阶段的标志值(表2-1)。

表 2-1　工业化不同阶段的标志值

基本指标	前工业化阶段(1)	工业化实现阶段			发达经济阶段	
		工业化初期(2)	工业化中期(3)	工业化后期(4)	后工业化社会(5)	现代化社会(6)
	农业	劳动密集	资本密集	劳动密集	技术密集	知识密集
1. 人均GDP(经济发展水平)						
(1)1964年美元	100~200	200~400	400~800	800~1500	1500~2400	2400以上
(2)1970年美元	140~280	280~560	560~1120	1120~2100	2100~3360	3360以上
(3)2005年美元	706~1411	1411~2822	2822~5645	5645~10584	10584~16934	16934以上

基本指标	前工业化阶段(1)	工业化实现阶段			发达经济阶段	
		工业化初期(2)	工业化中期(3)	工业化后期(4)	后工业化社会(5)	现代化社会(6)
	农业	劳动密集	资本密集	劳动密集	技术密集	知识密集
2. 三次产业产值结构(产业结构)	$A > I$	$A > 20\%$，且$A < I$	$A < 20\%$，$I > S$	$A < 10\%$，$I > S$	$A < 10\%$，$I > S$	—
3. 农业就业人数占比(就业结构)	60%以上	45%～60%	30%～45%	10%～30%	10%以下	

注:表中参照了陈佳贵、黄群慧、钟宏武,《中国地区工业化进程的综合评价和特征分析》,经济研究,2006 年第 6 期。其中,1970 年美元与 1964 年美元的转换因子为 1.4,取自钱纳里等人的研究成果;[①]1970 年美元与 2005 年美元的转换因子为 5.04,[②]A、I、S 分别代表第一、第二和第三产业增加值在 CDP 中所占的比重。

从人均 GDP 的角度看,2014 年我国人均 GDP 为 3862.92 美元(以 2005 年美元计),属于工业化中期,并且距离进入工业化后期还有一定距离。从产业结构上看,2014 年,第一产业增加值占 GDP 比重为 9.17%,第二产业增加值占 GDP 比重为 42.72%,第三产业增加值占 GDP 比重为 48.11%。这说明我国的产业结构已经进入了后工业化社会。但从就业结构上看,2014 年,中国第一产业就业人员占比为 29.50%,说明我国刚迈入工业化后期。可见,我国的产业结构演进的速度快于就业结构,快于经济发展水平。也就是说,相对于我国的经济发展水平,我国的产业结构演变可能超前了,特别是工业增加值份额可能出现了过早下降。

二、产业结构虚高度

刘伟、张辉(2013 年)最早提出了产业结构虚高度的概念。产业结构高度提升,是指在经济发展中按照一定历史条件下现代化目标的需求,遵循

① 郭克莎.中国工业化的进程,问题与出路[J].中国社会科学,2000,(3),60—71.
② 刘伟,张辉,黄泽华.中国产业结构高度与工业化进程和地区差异的考察[J].经济学动态,2008,(11),4—8.

经济发展的内在逻辑,产业结构顺向的升级进程,如三大产业间,第一产业、第二产业、第三产业在经济发展不同阶段,在国民经济中占优势比重并起主导作用的依次替代的程度;又如部门产品结构间,初级产品、中间产品、最终产品在经济发展不同阶段,在国民经济中占优势比重并起主导作用的依次替代的程度;再如技术结构上,劳动密集、资本密集、技术密集和知识密集产业在经济发展不同阶段,在国民经济中占优势比重并起主导作用的依次替代程度;等等。特别需要指出的是,产业结构高度表现的是产业间的比例关系,但比例关系的演变动因在于效率的改变,尤其是劳动生产率的提升,结构高度的变化是效率变化的函数,脱离劳动生产率及效率的提升,干预性地提高产业结构高度,加快结构升级,带来的只能是"虚高度"。

从产业间的比例关系来看,我国的产业结构已经进入了后工业化社会。但是,从产业的效率来看,真正的工业化还有一段距离,这主要体现在两个方面:一个是部分行业的过剩产能及其所体现的低效率,另一个是部分行业核心技术的缺失,导致其产品附加值低以及行业本质效率的不足。

造成我国产能过剩现象的原因主要有以下两方面:

一方面,行政干预导致资源错配现象严重。长期以来的重工业发展战略,以 GDP 增长作为地方政府政绩考核的标准,以及分税制改革后地方政府扩大财政收入的动机等因素,导致地方政府并不立足于地方资源禀赋以及考虑地方产业结构的优化等问题,而只是一味地发展能够对地方GDP 产生足够推力的重工业,缺少科学的产业规划,同时地方政府间的盲目跟风,以及行政审批力量过于强大等因素,都造成了市场资源错配现象严重。

另一方面,经济繁荣期企业的盲目扩张导致经济下行期行业,特别是低技术门槛行业产能过剩。我国尚处于工业化发展进程之中,2008 年以前长期存在的对我国经济向上增长的预期,使很多企业对于市场估计过于乐观,进而盲目投资建厂,扩大生产。同时,在经济繁荣期,金融市场有利于为企业提供宽松的融资环境,特别是银行信贷政策松绑等有利于降低企业融资成本,带来企业投资的持续扩张。而一旦经济下行,需求不足,库存上升,企业开工率明显不足,最终造成产能过剩。从行业来看,技术门槛较低的低端制造业,在经济增长时期会引发中小企业的疯狂跟风投资建厂,造成资源浪费,加剧产能过剩。

第三节　产业结构演变的动因

一、产业结构演变：需求与供给

产业结构的变化需要从理论上做出合理的解释。例如，为什么农业的相对国民收入必将趋于减少？为什么工业的相对国民收入趋于增加而劳动力的相对比重却变化不大？为什么服务业劳动力比重大幅度上升而其国民收入比重上升不大？比较流行的是用需求收入弹性和生产率上升去解释变化的动因。

第一，关于农业国民收入及劳动力的相对比重趋于减少的原因。

（1）农产品是解决人们的吃穿问题的消费资料，其需求收入弹性会随着人均收入水平的提高而逐渐降低。

（2）农业的技术进步速度低于其他部门特别是工业部门。

（3）农业机械化、社会化的趋势，使农业自身的劳动生产率有所提高，这也是农业劳动力相对比重减少的一个重要原因。

第二，工业国民收入相对比重上升及劳动力相对比重趋稳定的原因。除了上述已做的分析外，主要还有以下3点。

（1）社会消费结构的转型，使工业产品的需求收入弹性处于有利的地位。

（2）国民收入的支出结构特别是用于工业投资部分的增长，在不断地扩大着工业产品市场，支撑了工业的高需求收入弹性。

（3）工业部门劳动力相对比重上升不大、基本保持不变的情况，是工业化过程达到一定水平后出现的现象。一方面，工业技术创新速度较快，生产率上升，资本不断替代劳动，排斥工业部门本身的劳动力；另一方面，工业市场规模的扩大和新兴工业行业的不断涌现，又起着吸收劳动力就业的作用。当这两者之间趋于平衡时，劳动力的相对比重就会趋向稳定。

第三，服务业劳动力相对比重上升的原因。从统计资料看，各国在经济发展过程中从农业出来的劳动力，大多数为服务业所吸收。这是因为，服务性产出需求的收入弹性大，随着人均国民收入水平的提高，人们消费"服务"这种无形商品的需求将越来越大。消费需求的这种"超物质化"，支持着服务业所实现的附加价值水平的提高。但是应该看到，服务业中有许多行业具有比较容易"进入"的特点，内部竞争比较激烈，不容易形成工业中常见的经济性垄断格局。因此服务这一无形财货相对于工业这种有形财货而言,在价格上处于较低的状况。这是服务业劳动力增长快,而国民收入的相对比重较难上升的原因之一。

二、产业结构演变:制度经济学分析

制度经济学认为,需求收入弹性是市场规模扩大的结果,而生产率的产业间差异,则应该归结为劳动分工程度的变化。仅仅用需求的收入弹性和生产率差异去解释产业结构变化的动因,忽视了交易费用随劳动分工扩大呈现出的指数化增长趋势。

第一,产业结构变迁的根本原因之一,是由于劳动分工制度安排的变化,具体包括了个人职业专业化、机器生产与标准化、交易费用等因素。

(1)各产业部门劳动力就业份额的变化,是个人职业专业化和社会分工程度深化的结果。

(2)机器化生产和标准化,是产业结构演变的基本力量之一。

(3)在生产和交易活动中,降低监督费用的制度创新的难易程度,直接决定了产业结构演变的先后次序以及结构转换的程度。

第二,生产率的进步在工业部门比服务部门高这一支撑三次产业结构变化的理论,在实证研究中并未被充分证明。

对于服务业在现代社会经济中迅速膨胀的现象,制度经济学派的基本观点是,服务业增长的基本趋势,反映了劳动分工演进的必然结果,即随着专业化分工的结果,引起了交易费用的指数化扩张和知识生产部门的扩大,因此服务业的增长基本表现为交易部门的增长和有关人力资本部门的增长。

三、产业结构演变:知识经济的推动作用

1996 年经济合作与发展组织(OECD)在一份题为"以知识为基础的经济"的报告中,对"知识经济"的概念首次给予较明确的界定:知识经济是建立在知识和信息的生产、分配和使用之上的经济。

随着经济的服务化,知识经济形态下的产业结构特征也呈现新的发展态势,而知识经济这种新的产业形态大大异于传统的以资源为基础的产业形态。知识经济作为一种全新的经济形态或模式,与传统经济相比较,在推动产业结构的变迁方面,具有以下几方面的显著特征。

(1)它是一种信息化经济。

知识经济是微电子技术、信息技术充分发展的产物,是信息社会的经济形态。这一特征具体表现在 5 个方面。

①信息技术在全社会广泛渗透和使用，信息技术对于政治、经济、社会、文化、道德等的影响是全方位的；

②信息产业成为国民经济的主要经济部门；

③信息和知识成为重要的资源和财富，国家与国家、地区与地区、企业与企业之间的差距，主要表现在对信息与知识的生产、传播、使用能力上的差异；

④拥有先进的信息网络，信息流动时间加快；

⑤全社会生产自动化程度大大提高，自动化技术将在社会管理、经济管理、企业生产管理等方面全面普及。

（2）它是一种网络化经济。

随着信息技术的快速发展，世界经济的"网络经济"特征越发明显。1960年一条横跨大西洋的电缆仅能容纳138对电话同时通话，现在一条光纤电缆可以同时容纳150万对电话通话。现在全世界上网的人数达17.1亿，我国网民规模也在不断增加，我国网民人数现居世界第一。

（3）它是一种智能化经济。

知识经济是一种以智力资源的占有、配置、生产、分配、使用为最重要因素的经济。在工业经济发展中，大量资本、设备等有形资产的投入起着决定性的作用，而在知识经济中，智力、知识、信息等无形资产的投入起着决定性的作用。应用知识提供智能、添加创意成了知识经济活动的核心问题。财富和权力的再分配取决于拥有的信息、知识和智力。智能即智力的凝聚，表现于特定人才和技术之上的创造和拓展能力，其主要形态是特定知识及其开发和运用。在开发、增益并扩散各层次智力的过程中，软件是关键因素。这类软件包括数据库、分析和建模软件、服务处理软件（如日常会计事务）、操作软件（控制物理机械和过程）、系统软件（多个过程和操作之间的关联）和网络软件（间歇性地连接多个地址和系统），各种形式的软件都能够以新的方式使人的能力得以延伸，如：①以前所未有的速度和准确度获取知识；②能够分析人类无法独立解决的复杂问题；③在恶劣条件下以人类无法达到的精确度控制各种物理过程；④在无人参与的情况下远距离监测物理和智力过程；⑤寻求更广泛的信息源，集中更多人的智慧以创造性地解决舍此则无法解决的问题；⑥较其他途径更广泛、高效、有效地扩散知识。

（4）它是一种创新经济。

创新是知识经济的灵魂，是经济增长的发动机。工业经济的发展固然离不开创新，在其发展历程中，每一次创新，如石油资源超越煤炭资源、石油化工超越煤炭化工、内燃机技术超越蒸汽机技术等，都极大地促进了经济的发展。但是,这些技术创新所经历的时间相对比较漫长,范围相对比较有限。而知识经济时代的技术创新速度大大加快,范围将涵盖全社会,技术创新成为经济增长最重要的动力。中国科学院提供的一份研究报告指出:知识经济正在逐渐成为国际经济的主导,在这个过程中,世界科技的发展将更加迅猛,技术革命向产业革命的转换周期将更短。在这样一个新技术不断出现、落后技术迅速被淘汰的社会中,一个企业竞争力的大小,取决于其技术创新能力的强弱。一个缺乏创新能力的企业,将失去存在的根基。

(5)它是一种可持续发展经济。

传统的工业经济创造了日益丰富的物质财富,并使社会经济发展获得了空前的速度和规模,促进了人类文明的发达和繁荣。但是,传统工业是确立在自然资源取之不尽、环境容量用之不竭的基础上,甚至以向自然掠夺为目的。工业经济对自然资源的这种过度依赖和消耗,严重污染了自然资源,破坏了自然界的生态平衡,从而损害了人类赖以生存的地球,危及人类的长期发展。

(6)它是一种非线性经济。

在过去的几年中,W. 布莱恩·阿瑟和工作在斯坦福大学、圣塔费研究所以及其他地方的经济学家,共同发表了关于经济正反馈的理论观点。正反馈理论是一种理解知识经济及现代高技术经济学的适当理论。描述正反馈的经济学模型与描述传统经济学的模型差异很大。传统的报酬递减暗示,在经济中只有一个均衡点,但正反馈,即报酬递增却显示出经济中有许多可能的均衡点。没有一种机制能保证在正反馈经济中,从诸多可能结果中挑选出来的一定是"最优结果"。而且,一旦某种随机经济事件选择了某一条路径,这种选择就很有可能被"锁定"在该条道路上,而不会选择更为先进或合适的其他道路。如果一种产品或一个国家在竞争性市场上因某种"机会"或"机遇"而领先,它就会一直领先,并扩大这种领先程度。

第四节 我国产业结构演变的阶段性特征

改革开放以来,中国在经济体制、发展目标和工业化战略等方面发生了较大的变化,并积极发挥比较优势参与国际分工,推动了经济的高速增长,与之相伴,产业结构发生了显著的变化。基本上可以分为以下三个阶段:一是在改革开放初期短暂的"拨乱反正"(非正常变化)时期,二是20世纪80年代中后期以轻工业为主导的时期,三是20世纪90年代以来的以重工业为主导的时期。

一、改革开放初至20世纪80年代中期产业结构的"拨乱反正"

改革开放至20世纪80年代中期,是中国产业结构的"拨乱反正"时期。在这一时期,一是扭转改革开放以前过分强调积累、抑制消费和以农(业)补工(业)的做法,着力补消费不足的课,重点解决吃穿问题。二是改变过去重工业内部循环过强的状况,增强重工业为轻工业服务的功能。由此也带来了中国产业结构的非正常变化,即产业结构变化与一般工业化国家逆向变化的特征。

首先是农村率先改革,农业得到较快发展。第一产业占国内生产总值(GDP)比重不断上升,第三产业比重也略有提高。改革开放激活了农村劳动力的活力,农业剩余劳动力开始大规模向非农产业转移。二是扭转过去过分强调积累、忽视生活的政策,鼓励发展满足消费需求的轻工业,国民的消费率逐年提升,由此带动以满足基本生活需求的轻工业高速增长。

二、20世纪80年代中期至20世纪90年代初期的轻工业化阶段

由于改革开放激发了企业的活力,生产水平提高,使得居民收入水平也得到了较快增长,消费升级成为这一时期推动经济增长和产业结构变化的主要推动力,中国产业结构变化也进入正常轨道,并呈现出初步升级的特征。

一是从三次产业来看,第一产业占GDP比重快速下降,第二产业基本稳定,第三产业比重大幅度上升。由于20世纪80年代中期,人民生活基本解决了温饱问题,因此第三产业成为发展重点。20世纪80年代中期至20世纪90年代初期是改革开放以来第三产业比重上升最快的时期。

二是尽管工业在GDP中所占比重变动不大,但内部结构变动明显。人们需求由满足吃穿转向对用的追求,城镇居民家庭人均消费支出中家庭设备用品及服务所占比重逐年上升,主要是手表、缝纫机、自行车、电风扇、收录机、电视机、照相机等百元级产品进入家庭。这些变化使得轻工业在保持快速增长的同时,加快了其内部结构的升级。

三、20世纪90年代以来的产业结构的高级化和重工业化

20世纪90年代以来,中国经济增长动力发生了重要变化,消费对经济增长的拉动作用显著下降,投资成为经济增长的主要带动因素。由于我国

发挥比较优势,扩大对外开放,参与国际分工程度加深,使得净出口的贡献率也有较大幅度提高。

经济增长动力的变化也带动了产业结构的快速变化。

第一,从就业结构来看,第三产业成为吸纳就业的主导力量,第二产业在经历了20世纪90年代就业比重下降后,在21世纪就业比重逐步上升。

第二,投资率上升和消费升级带动重化工业的高速增长。由于固定资产投资和住房、交通通信需求带动的主要是重工业。投资需求主要对能源原材料产生很大的拉动作用,与此相应,受投资带动,以原材料型的重化工化趋势也十分明显。

第三,第三产业经过20世纪90年代较快发展,进入新世纪与GDP保持同步态势,比重变化不大。与此同时,在第三产业内部,交通运输、仓储和邮政业,批发和零售业,住宿和餐饮业,金融业等流通型行业比重下降,而科学研究,技术服务,地质勘查业,水利、环境和公共设施管理业,教育,卫生、社会保障和社会福利业,文化、体育和娱乐业等行业的比重上升。

第五节　产业结构转型升级存在的问题

近年来,我国三大产业发展速度较快,产业产值结构和劳动力结构均得到优化升级,但是仍然存在着诸多问题亟须解决。

一、路径依赖与产业结构转型和可持续发展的矛盾

资源型地区能否实现产业转型,关系到经济可持续发展。据国家发改委宏观经济研究院课题组2002年统计,我国资源型城市共计118座(其中地级城市47座,县级城市71座),所占总面积为96万km²,约占10.3%。资源型城市涉及总人口1.54亿人。我国资源型地区大部分处于内陆地区,经济社会发展比较落后,可持续发展能力较弱,基本上都是以工矿型城镇为主,普遍存在着产业结构转型失衡、生态环境破坏严重、经济发展水平低、城市化进程滞后、人民生活水平亟待提高、安全和稳定压力大等突出问题。随着可采资源的逐渐减少,资源型支柱产业日趋衰落,资源型地区必然会出现大量的下岗失业人员、剧烈的经济波动等系列经济社会问题。资源型地区只有加快经济转型,才能可持续发展。

二、产业结构转型与科学有序保障资源供给的矛盾

进入21世纪以来,中国经济加速向重化工迈进。这轮工业化不同于

新中国成立初期的重化工优先发展阶段,被有的学者称为中国的"重新重工业化",主要是消费结构升级、轻工业优化、城镇化进程加快、国际制造业转移等市场因素推动,具备了必要的资金、技术、市场需求条件,符合工业化发展的一般规律。由于我国人口众多,人均资源拥有量远低于世界平均水平,特别是目前我国处在工业化和城镇化加快发展阶段,资源消耗不断提高,一些重要资源对外依存度大幅上升;此外,粗放型经济增长方式加剧环境污染和能源供求矛盾。资源型地区如何兼顾产业结构转型和科学有序保障能源资源供给,成为迫切需要解决的问题。

三、理论研究相对滞后与现实需求紧迫的矛盾

资源型地区产业结构转型是一个世界性难题,有些发达国家进行有益探索,比如法国洛林、日本九州、德国鲁尔等,且基本完成经济转型,我们可以借鉴其中的宝贵经验。在中国,也有辽宁阜新、河南焦作等产业结构转型的先期实践者和成功案例。实践证明,资源型地区能够而且必须通过产业结构转型实现可持续发展。自 20 世纪 30 年代对资源型城镇的开创性研究至今,经济地理学界、经济管理学界和城市规划学界都对这一问题给予关注,并取得一定成果。近年来,国内学者将产业演化规律。城市经济内生增长理论、区域空间结构演化理论、可持续发展理论等应用于这一研究领域。总体上来说,资源型地区的研究范围很广泛,但经济转型尤其是产业结构转型的系统理论还远未形成。

四、产业内部结构性矛盾

一是农业占比相对较大而生产效率低下。无论是产值比重还是劳动力比重,我国农业都远高于发达国家。农业发展滞后已经影响到我围产业结构的整体转型升级。2015 年,我国第一产值占比和劳动力占比分别为8.9%和28.3%,远高于同期的美国、日本和德国。据农业部相关数据显示。目前我国农业劳动生产效率约是美国的 1%、发达国家平均水平的2%、世界平均效率的 64%。

二是制造业大而不强,产能过剩严重,高能耗、高污染、高排放的传统发腿方式长期存在,高新技术产业规模相对较小。同时,我国制造业技术研发与创新力不足,在国际市场上缺乏具有核心竞争力、影响力的品牌和产品。

三是服务业总量偏小且发展层次较低,发达国家第三产业占比普遍在70%~80%,而我国刚突破 50%,同时,所提供的产品和信息服务处于产业

链低端,服务内容科技含量和知识水平不高,中国在商业知识密集型服务业的产出仅占全球产出的10％。从具体行业看,批发零售、餐饮住宿、仓储物流等传统行业在服务业中仍占很大一部分比例,吸纳了大量劳动力,而科技服务业、现代金融业、健康服务业等新型的服务行业则由于市场化程度低、产品创新性差,而整体发展缓慢。

第六节　未来我国产业结构调整和转型趋势

未来产业结构变化趋势是与中国工业化阶段及国内外环境变化密切相关的。当前,中国正经历由工业化中期向工业化后期过渡,再进一步地向后工业化时期转变。不同的发展阶段,经济发展的动因、要素不同,经济增长目标和产业结构调整的任务也将随之发生显著的变化。一方面,是中国发展的阶段性变化,无论是工业化水平和收入水平,还是比较优势,都在发生显著变化,导致决定产业结构的供给因素和需求结构具有新的特点。另一方面,是在全球化深入推进下的产业发展模式的变化。随着全球分工的深化,国际分工已经从产业之间的分工,向产业内、产品内分工和不同价值链环节之间的分工演进。同时,国际上产业发展日益呈现出制造业服务化的趋势。制造企业借助服务提高竞争力,以提升客户价值和自身价值,形成了制造业与服务业相互融合、相互促进的累积性相互推进关系。产业结构转型,也不是简单地增加某一类产业投资就能实现的,而是取决于制造业的加工深化、服务化,以及向价值链两端延伸,取决于劳动生产率的提高,取决于竞争重心由降低价格和提高市场占有率,转向提高商品和服务的内在价值,最终提高居民收入。

一、关于发展阶段的划分

从世界主要发达国家的经验来看,一国经济社会发展具有鲜明的阶段性,不同的发展阶段其发展动力、重点和结构特征是各不相同的。因此,判断中国所处发展阶段,对我们把握未来一段时期中国经济发展趋势和结构转变方向有着十分重要的意义。

关于发展阶段的划分目前并没有统一标准,既有针对工业化过程中的工业化阶段划分,也有更长时间跨度的划分。

关于工业化阶段的划分主要有钱纳里等人的研究,钱纳里等人把这一过程的本质特征归纳为积累、资源配置、人口变化和分配的三个过程、十个方面。

钱纳里等人通过多国模型的分析,提出了多国增长模式,将随着人均收入而发生的结构转变过程划分为六个时期、三个阶段(表2-2)。第一阶段为农业经济阶段,第二阶段是工业化阶段,第三个阶段为发达经济阶段,也就是后工业化社会或称服务经济时代、信息化时代。

表2-2 钱纳里等人关于发展阶段的划分

收入水平(人均美元) 1970 年	时期	时间间隔跨度	阶段	
140～280	1	35	第一阶段	初级产品生产
280～560	2	22		
560～1120	3	17	第二阶段	工业化
1120～2100	4	14		
2100～3360	5	10	第三阶段	发达经济
3360～5040	6	9		

从更长时间段考察,美国经济学家 W. W. 罗斯托在其《经济成长的阶段》中,提出经济发展的几个阶段:

①"传统社会",这个阶段不存在现代科学技术,主要依靠手工劳动;农业居于首位,消费水平很低;存在等级制,家庭和氏族起着重要作用。

②为"起飞"创造前提的阶段,即从传统社会向"起飞"阶段过渡的时期,近代科学知识开始在工、农业中发生作用。

③"起飞"阶段,相当于工业化初始阶段,新的技术在工、农业中得到推广和应用,投资率显著上升,工业中主导部门迅速增长,农业劳动生产率大幅度提高。

④向"成熟"发展的阶段,现代科学技术得到普遍推广和应用,经济持续增长,投资扩大,新工业部门迅速发展,国际贸易迅速增加。

⑤"高额群众消费"阶段,主导部门转到耐用消费品生产方面。其后,罗斯托在《政治与增长阶段》(1971)一书中,又提出了新的第六个阶段,即"追求生活质量"阶段。其中,起飞阶段、向成熟推进阶段和高额群众消费阶段类似于工业化过程的前期、中期和后期三个阶段。

二、未来中国产业结构变动的主要驱动因素

发展动力、要素条件的变化,决定了未来中国经济社会将从工业社会到信息社会,从工业经济到服务经济,从要素驱动增长到效率和创新驱动

增长,技术知识成为经济增长的主要来源,与此相应,产业结构也将发生显著的变化。

(1)经济增长将由过去的高速增长转向中速增长。

经过 30 多年持续快速发展,中国已经成为世界第二大经济体,并正在由中低收入国家行列向中高收入国家行列迈进、由工业化中期向工业化后期迈进。根据国际经验,绝大多数工业化国家在进入工业化后期以后,经济增长速度都由高速增长转向中速增长。中国也不会例外。这一方面是由于中国经济规模已经非常庞大,无论是国内还是国际上的资源要素都难以支撑原有模式条件下的大规模扩张。当前,中国正处于工业化中期向工业化后期的过渡时期,这是对资源需求快速增长的时期,也是转变经济增长方式难度最大的时期。由需求升级、城市化、中西部加快发展等带动,重化工业仍将得到较快发展,将对资源、环境形成挑战。另一方面,在发展到一定程度以后,人们的需求也由单纯的物质数量追求,转向更多地追求生活质量、环境条件和社会服务等多元化需求。进入工业化后期以后,随着需求进一步升级和分工深化,以及休闲、文化等非物质消费比重增加,对高加工度行业和服务业的需求上升,产业结构将向技术密集型特征比较强的高加工度工业和服务业方向发展。经济发展方式有可能在工业化后期实现加速转变;而进入后工业化时期,服务消费更成为经济增长的主导。

(2)要素供给条件将发生明显变化,推动经济增长将由以要素驱动为主向以效率驱动和创新驱动为主转变。

一是如前所述,中近期是中国资源、能源需求快速增长的时期,继续按照传统的经济发展方式和工业化模式,能源、资源、土地、环境将成为重要制约因素。二是中国人口结构将发生重大变化,老龄化人口比重显著上升,劳动年龄人口达到峰值后,依靠劳动力投入增加带动经济增长时代将结束。三是中国进入老龄化社会,使得中国储蓄率下降。上述诸多因素,将使得这一时期中国劳动力、资金、资源及生态环境等要素价格上升,再加上促进社会和谐成本和国际和平发展成本的上升,中国经济发展进入高成本期。与此同时,无论是人力资本和物质资本的积累,还是中国产业发展自身要求都对技术创新提出了需求和供给条件。

(3)价值观与消费重心也将发生重要变化。

根据马斯洛消费心理理论,随着生活水平提高和社会的进步,人的需求从追求财富的增长转向更加注重生活质量和生活环境的改善,消费重心将会由以物质消费和实物消费为主转变为以服务消费为主。与此同时,中国劳动力价值观念也在发生较大变化。20 世纪 60 年代和 70 年代出生的人们受到传统的教育影响较大,奉行在进入劳动年龄以后肩负着替家庭分担负担、养家糊口的信念。而"80"后和"90"后不但文化素质大幅度提高，而且，由于经济发展和人们收入水平提高，家庭负担减轻，他们更加重视自身价值的实现。这种变化将深刻影响未来中国的经济增长和结构调整。

（4）发展方式的转型。

一方面，国内外能源资源和环境的压力空前高涨，以及国内要素成本的上升，对中国经济发展方式形成倒逼机制。另一方面，新技术和新的产业发展模式的出现，再加上中国从中低收入阶段向中高收入阶段迈进，也使得新的发展方式成为可能。伴随当今信息技术的应用和扩散，全球范围的分工深化，推动了产业发展模式的转变，促进了物质产品与信息和服务的融合以及农业、工业和服务业之间的融合，附加价值主要来源也由制造环节转向研发和营销服务两端。随着国际产业技术进步，国内科教兴国战略、人才兴国战略的实施，对中国加快以技术进步为核心的经济发展方式转变、建立满足经济发展方式转变的新型产业体系既提出了要求，也提供了可能。随着低碳发展理念的深入，尤其是绿色技术和绿色产业革命有可能在之后10～20年取得实质性进展。

三、我国产业结构的阶段性特点

中国正处于经济社会发展发生显著变化的时期，同时，我们也应该充分认识到这种发展和变化的阶段性。不同的发展阶段，经济增长重心和产业结构特征将会出现明显差异。

（1）从工业化中期到工业化后期：推进由重化工业为主导向以技术密集型产业为主导的转变。

由于这一时期城镇化快速推动，将带动基础设施等方面投资仍保持一定的增长速度，人们消费重心更加向住和行集中，将使得投资率继续保持高位，并带动能源、原材料型重化工化仍然有比较强的需求。因而这也是转变发展方式难度最大，能源、资源约束和环境矛盾最为突出的时期。这一时期，一方面要为下一阶段的结构升级转型做好准备，重点加快培育人力资本，为促进高新技术产业的发展和技术进步成为经济增长的主要源泉提供人力资本积累；另一方面，应该把重点放到改善要素投入结构，通过技术创新、工艺革新，促进传统部门的新型化，实现主要能源、资源消耗部门和污染强度比较大的部门节能降耗和清洁生产。

主要任务：①支持现代装备制造、高新技术产业加快发展，把促进能源、资源密集型工业的新型化和发展新能源、新材料作为这一阶段推进经济增长方式转变的重点，提高加工深度，摆脱能源、资源和环境的制约。②

大力支持科技创新、人才培育、信息共享及技术服务、品牌经营、金融服务、公共平台建设等产业辅助系统,显著提升人力资本和自主创新能力。③健全服务体系,完善流通体系,提高产业化、规模化、集约化、标准化、良种化水平和技术含量,促进粮棉油稳定增产,加快发展畜牧业和奶业,发展高产、优质、高效、生态农业。④拓展交通运输、现代物流、金融、信息服务和商务服务等面向生产者的服务业;适应居民消费结构升级和多样化趋势,丰富发展主要面向消费者的服务业。通过强化技术创新和人力资本积累,推进分工细化深化,完善产业链条,加快产业集聚和产业集群发展,提高国际产业分工地位,建立起创新型、融合型、节约型、生态型、高效型、集约型的现代产业体系。

(2)工业化到后工业化的过渡:实现由工业经济向服务经济的转型。

在这一阶段,随着中国城镇化水平迅速提高,城镇化速率及其相关基础设施建设将由快转慢;随着工业化水平的提高,技术创新和人力资本积累将达到新的高度。与此同时,随着人们消费水平提高,服务消费逐步取代物质消费成为消费的主导。这是产业结构转型和经济发展方式实现快速转变的时期,技术进步和服务业将成为中国经济增长的主要力量和因素。

主要任务:①加快自主创新向经济社会各领域的渗透,实现创新发展。重点是推进技术密集、知识密集型行业的发展,加速培育具有国际领先地位的战略产业,重点支持具有自主知识产权、自有品牌的装备制造、电子信息、生物工程、新医药、新材料、新能源、新一代交通运输设备、航空航天等高新技术产业。②建立起适应分工深化和非物质需求增长需要的体制机制,加快发展金融、商务服务、信息处理与服务、文化创意、旅游等现代服务业。③建立农业产业化、信息化、规模化、良种化、功能化、高技术化和可持续化的优质、高效、生态、安全型生产体系。④强化技术、管理、组织、营销、品牌等多维创新,全面推进国民经济各行业的创新和进步。在人力资本高级化、专门化的基础上,实现全社会的技术进步和经济增长方式得到根本转变。

四、未来中国产业结构变动趋势

综合不同需求因素和供给条件的变化特点,中国未来产业结构的变动将呈现以下趋势。

(1)三次产业中,将呈现出第一产业继续下降,第二产业比重在稳定中转向下降,第三产业比重持续上升的势头。

未来产业结构的变化首先体现在三次产业之间比例关系的变动。判断这种变动趋势,可以从中国当前产业结构特点以及世界各国产业结构变化趋势的对比中来把握。首先,从发达国家所经历的历程来看,一般都经历了工业比重上升的工业化阶段和工业比重下降、第三产业比重显著上升的工业化后期和后工业化时期。其次,从中国产业结构特征来看,过去一段时期,中国经济的高速增长是建立在高度依赖投资、高度依赖要素投入和国际分工中高度依赖一般加工制造环节和加工贸易,由此决定了中国产业结构中第二产业比重高,而第三产业比重低。从需求来看,由于食品需求弹性小,随着收入水平的提高,并不会使人们吃得更多,人们用于食品的支出比重将继续持续下降;从供给来看,由于耕地、水资源等约束,农业的比较优势进一步弱化,使得农业在 GDP 中所占比重将会继续持续下降。尽管在中近期,中国仍将处于工业化、城镇化时期,以及中国在国际分工中承担加工制造环节的分工格局不会迅速改变,使得工业及第二产业在经济中所占比重不会大幅度下降,但由于能源、资源和环境的约束,也会使得第二产业比重趋于稳定。而从中长期来看,随着城镇化趋于稳定,消费需求中物质消费比重下降、服务消费比重上升,由此决定了第二产业将趋向下降。与此相反,第三产业比重将由于消费升级和生产的服务化而大幅度上升。

(2)工业中重化工业比重下降,高加工度和技术密集型产业比重上升。

工业化中期是投资驱动和城镇化快速发展的时期,由此决定了是能源、原材料等重化工业增长为主导的时期。在近期上述趋势不会有大的变动,但从中长期来看,中国经济增长将由投资驱动转向效率驱动和创新驱动,城镇化也将由快速增长转向缓慢增长,导致未来一段时期,中国工业经济增长将出现明显的、阶段性的变化。首先是以能源、原材料为主的重化工业增速由高速增长转向缓慢增长,其比重出现显著下降;其次是竞争加剧将加快设备更新改造,再加上消费需求升级,将驱动密集技术要素和加工层次比较多的机械、电子等高加工度和技术密集型产业所占比重显著上升。

(3)第三产业中生产性服务业和生活性服务业快速发展。

随着消费需求的服务化和生产的服务化,制成品在国内总需求中所占比重也会呈现下降的态势,服务业成为经济增长的主导。其中,无论是满足消费需求的生活性服务业,还是满足生产需求的生产性服务业都将达到比较快的增长速度。

第三章 信息化对产业转型升级的影响

信息化作为现代经济社会发展的动力,已经深刻地影响着我国经济社会的发展。信息化一方面通过信息技术的创新更新、新兴产业的孕育发展给产业转型升级提供了机遇,另一方面通过市场环境的加速演变、竞争模式的进一步升级,提高了产业转型升级的迫切性,通过信息产业化和产业信息化的合力对产业转型升级产生耦合作用,促进产业结构的合理化和高度化。推进信息化与产业转型升级的协调发展,充分发挥信息化对产业转型升级的胁迫交互作用,对于产业的升级和转型至关重要。

第一节 信息产业概述

党的十八大报告指出:坚持走中国特色新型工业化、信息化、城镇化、农业现代化道路,推动信息化和工业化深度融合、工业化和城镇化良性互动、城镇化和农业现代化相互协调,促进工业化、信息化、城镇化、农业现代化同步发展;建设下一代信息基础设施,发展现代信息技术产业体系,健全信息安全保障体系,推进信息网络技术广泛运用。党的十九大报告重申"推动新型工业化、信息化、城镇化、农业现代化同步发展",并提出"善于运用互联网技术和信息化手段开展工作"。国民经济和社会发展"十三五"规划纲要提出:"支持新一代信息技术、新能源汽车、生物技术、绿色低碳、高端装备与材料、数字创意等领域的产业发展壮大。""牢牢把握信息技术变革趋势,实施网络强国战略,加快建设数字中国,推动信息技术与经济社会发展深度融合,加快推动信息经济发展壮大。""培育集成电路产业体系,培育人工智能、智能硬件、新型显示、移动智能终端、第五代移动通信(5G)、先进传感器和可穿戴设备等成为新增长点。"本章着力讨论信息产业概述、信息化在经济转型升级中的作用、我国信息产业的发展状况、我国信息产业的发展战略。

一、信息产业的概念

以计算技术、微电子技术和现代通信技术为核心的新技术群体——信息技术,催生了信息产业。这个还处于高速成长过程中的新兴产业以其目不暇接的万千变化、渗透各种人群的新奇应用以及极具诱惑的高额回报吸引了人们的注意力。几乎所有人都已置身于信息产业产生的种种贡献之中。

信息产业是与信息的生产、采集、加工、存储、流通、传播和服务等有关的产业。

基于以上理解,许多行业被纳入信息产业范畴,而且已经产生了以电子信息技术为基础的现代服务业。由于信息技术广泛渗透,传统的信息服务如印刷出版、新闻报道、文献情报等纸面媒体都已经大量出现电子版本,以电子手段提供更便捷、更快速和更廉价的服务。在互联网广泛应用的今天,随着浏览查询技术的发展,传统的知识宝库——图书馆也纷纷运用数字化手段,"挂"到网上。电子商务、电子政务早已经成为信息服务的重要领域。由于信息技术的飞速发展和广泛应用,现代服务业已经大踏步进入传统的面对面的以及人工传递的信息服务领域。在信息化程度很高的国家和地区,企业家们早已把关注焦点投向现代服务领域,那里的高额回报吸引着他们的目光。

二、信息产业的特征

信息产业处于高速成长期,其产业特征突出表现为知识密集、高回报率、高风险和高关联性。

(一)知识密集

信息产业是围绕信息的生产、采集、加工、存储、流通、传播和服务的产业。信息技术产品的高技术含量要求从事相关活动的群体必须具备较高的知识和技术储备。知识和技术是从事信息产业的企业创造价值和获取回报的主要劳动资源。特别是在软件业,传统的"生产过程"已经被大大弱化。如果说"编码"是在"制造"特定的软件产品,那么,这个"制造"阶段已经与软件的设计和开发融合在一起,同属于有高技术要求的岗位。

(二)高回报率

新技术从来都是获得高额回报的主要途径。信息产业正在以层出不穷的新技术体现高创新性。在不断涌现的新技术的支持下,信息产业成为产出高、效益好的高增值产业。资本的趋利性使其长期眷顾信息产业,为信息产业的高速增长提供了强有力的支持。在资本的鼓励下,信息产业的创新活动持续推进,新技术源源不断产生,产品换代频繁,这为投资创造了一个又一个回报源。短时间内积累了大量财富的企业家大量出现在信息产业是信息产业高回报率最为典型的例证。

（三）高风险

驱动信息产业高速发展的主要因素是高速发展的信息技术和高额的投入。信息技术需要大量的投资支持。信息技术因为发展快,不确定性也相当高。在高不确定性下,对其未来的判断很难做到准确。然而,高回报率的巨大吸引力使资本在尚未做出准确判断的情况下抢先投入到信息技术研发中。在没有准确判断的基础上高额投入,面对的必然是高风险。由于创造发明成功率的不确定性,巨额投入可能血本无归,正是产出的不确定性决定了信息产业的高风险。等到条件"成熟"再投入也有风险——失去机会,失去未来新市场的份额。

（四）高关联性

信息产业的各个分支之间具有很高的关联性。信息产业的一个重要分支——电子元器件业,其产品是通用基础产品,是参与构造其他信息技术产品的基本构件。许多电子元器件的通用程度几乎可以与螺钉、螺母相比。正是由于这些通用基础产品的存在,其他信息技术产品的迅速开发和制造才能得以实现。没有电子元器件就没有电子设备之类的信息技术产品,没有高性能的电子元器件就没有高性能的电子设备。一些新的核心电子元器件的发明很可能引发一个新的产业链。整个信息产业与国民经济其他产业之间也有很高的关联性,信息技术已经以极强的渗透性进入各行各业,把它们与信息产业连接在一起。

三、信息产业经济学研究

（一）马克卢普的信息经济测度理论

最早的社会信息测度体系由美国经济学家弗里茨·马克卢普(Fritz Machlup)提出。1962 年他在其著作《美国的知识生产与分配》中首先提出"知识产业"的概念,并在此基础上建立起对美国知识生产和分配的最早的测度体系,即马克卢普信息经济测度理论。

马克卢普的"知识"概念范畴是极其广泛的、复杂意义上的概念研究,并且他关于知识分类与性质的论述都服务于其经济学目的。马克卢普把知识产业分为 5 个层次或者说知识产业的分支：①研究与开发；②所有层次的教育；③研究与开发；④信息设备或设施；⑤信息机构与组织，这类知识产业也被称为信息服务产业。

马克卢普关于知识产业的界定及 5 个层次的划分，是其信息经济理论的核心，也是其测度体系的核心之一。马克卢普信息经济测度理论就是从现有统计体系中挑选"知识产业"，然后逐个进行测算和平衡。

(二)波拉特的测度理论和方法

继马克卢普之后，美国经济学家马克·波拉特有关信息经济和信息产业的研究最为引人注目。

波拉特将那些向市场提供信息产品和信息服务的企业和部门，即参与市场交换的企业和部门叫作"第一信息部门"。此外，企业、团体和政府机关内部还存在大量的信息生产与信息消费。即使是非信息部门，在其内部也会存在基本的信息服务部门，它们也生产和消费信息。这些信息不会出现在信息市场的交易过程中，所产生的成本往往包含在这些部门或企业基本产品的市场价格或服务成本中。波拉特将这些存在于企业、团体或政府内部，为满足自身需求而进行信息生产和信息服务的部门统称为"第二信息部门"。波拉特据此建立了一套可以量化的体系。他运用最终需求测算出 1967 年美国第一信息部门对最终需求的销售值占美国国民生产总值（GNP）的 21%，第二信息部门对最终需求的销售值占美国 GNP 的 3.4%；他运用增值法测算出 1967 年美国第一信息部门的产值占美国 GNP 的 25.1%，第二信息部门的产值占美国 GNP 的 21.1%。

(三)其他研究成果

马尔萨克在 1959 年发表的《信息经济学评论》中最先提出信息经济学（economics of information）一词。

1961 年，斯蒂格勒（G. J. Stigler）发表了著名论文《信息经济学》。该文提出了"信息搜寻"的新概念、理论和方法，呼吁从信息的角度对全部经济理论进行清算，使信息经济学作为新兴的学科进入了科学的殿堂，成为经济科学中重要的学科之一。

1976 年，日本学者增田米二出版了《信息经济学》。该书分析了信息时代的特征和信息生产力的特征，指出信息时代的产业结构将发生变革，将出现第四产业，并进一步向系统产业发展；信息产业的发展将推动其他产业信息化。

日本学者还提出了"社会信息化指数测度法"。与马克卢普和波拉特的方法相比,社会信息化指数测度法的计算量小很多,数据获取简便易行,具有较好的可比性。这种方法既可以从时间维度纵向反映一个国家的信息化进程,也可以从地区维度横向比较不同国家或同一国家不同地区的信息化水平。不过,这种方法是以社会信息化为测度对象的,而不是信息产业本身。

美国经济学家库伯根据马克卢普和波拉特的统计数据得出了"信息经济持续增长"的结论;哈叶斯、埃里克森、波尔科等人提出了"将资本分解为资本投资、信息投资和其他外部资源三要素"的观点,把"信息"作为"投资"看待,并且建立了资本三要素的对数模型。

我国的乌家培教授从定性角度,通过简单数学推导得出了"信息经济规模应该适度发展"的结论,认为信息经济的规模和物质经济的规模相当时,社会福利处于最优状态。

"摩尔定律"归纳了信息技术发展的速度。1965 年 4 月,当时还是美国电子工程师的摩尔在《电子学》杂志上发表文章,预言半导体芯片上集成的晶体管和电阻数量将每年翻一番。1975 年摩尔又修正了该定律,他认为芯片上集成的晶体管数量将两年翻一番。此后,计算机从神秘之物变成多数人不可或缺的工具,极大地推动了整个信息产业的发展。

上述国内外学者提出的见解都是深入信息产业内部进行研究的初步成果,是有益的探索和尝试。由于信息产业成长期的多变性,其发展规律的清晰展现还有待时日。

不断创新的信息技术显示出来的高不确定性,使为测算过程提供大量有规律的数据不太可能,因此,所有这些测度方法瞄准的只是"信息"所涉及的产业在整个国民经济中所占的比例,还没有定量研究最活跃的以现代电子信息技术体系为基础的新兴信息产业对生产力、对人民生活水平以及对国民经济发展所能做出的贡献,更谈不上对信息产业发展影响因素的定量测度。

应该指出,对于信息产业的界定以及相应的社会信息职业的划分,直接影响测度理论和方法;或者说,经济学者们依据自己测度理论的论证需要,选择信息产业的范围。这种现象并非信息产业经济学研究所特有,当研究对象处于高不确定性状态下,不同研究角度将选择"最适合"的对象范畴。在高不确定性状态下,实际经济运行将按照自己的规律向前发展。在多变的环境中,各种新旧成分不断重新组合,形成新的范畴。因此,尽管前人提出了测度理论和方法,但新的状态激发后人重新思考,产生新的测度理论和方法,直到研究对象趋于稳定。

四、信息产业的作用

电子信息技术的出现和高速发展突破了工业化社会的生产力极限和经济发展模式,激发了社会经济的革命性变化。信息产业是电子信息技术催生的新兴产业形态。信息产业以其高创新性、高回报率、高渗透性以及与其他产业的高关联性,在不断提高的需求和持续注入的资本的驱动下,迅速崛起。迄今,信息产业已经成为许多发达国家乃至发展中国家的支柱产业。尽管信息产业的发展速度起伏错落,但是它一直在发展,而且信息技术领域的创新活动不仅没有放缓步伐,而是越来越快了。技术更新的周期越来越短,新技术转化成现实生产力的周期也越来越短。信息化建设已经成为全球性目标。

信息产业不仅自身发展迅速,高新技术产业的发展、传统产业的改造、新兴产业的崛起无不依赖信息技术及信息产业的突破创新和综合应用。信息产业成为带动国民经济其他产业形成和发展的先导产业。世界信息产业在机遇与挑战面前稳健成长,并且加快了与其他产业的融合,以其巨大的带动作用促进世界经济的发展。

在持续发展过程中,信息产业在推动国民经济发展中也发挥了重大作用,并且已经在国民经济中占据了十分重要的地位。

(一)信息产业是国民经济的基础性和先导性产业

信息产业为各行各业提供产品和服务,为各行各业的运行提供信息技术基础设施,为传统产业内部的结构调整及寻求新的持续发展提供机会和技术支持。

(二)信息产业是可持续发展的战略性产业

持续发展的技术是经济长期稳健发展的基础,拥有最密集知识和技术的信息产业早已被作为战略性产业给予大力支持。以信息产业的产品和服务为基础的信息化建设已经被许多国家和地区设定为战略发展目标。从"数字化政府""智慧城市"到"传统产业信息化改造""企业信息化建设",无不显示出信息产业在国民经济中的战略地位。

信息产业是知识密集型产业,信息技术产品是技术密集型产品。其物质资源和能源消耗少、污染轻,而且信息技术的应用有助于其他行业实施降低能耗措施。在不断创新的电子信息技术的支持下,信息产业正处于快速成长期。信息技术在传统产业的应用方兴未艾,信息化社会的建设在积极推进之中。自 20 世纪 70 年代以来,虽然产业发展存在波动,但总体来看,世界信息产业基本处于较快增长阶段,并且能够在较长时期内保持较快增长,推动国民经济发展。信息产业的高速成长能力和庞大的产业规模使其在许多国家都成为国民经济中重要的产业部门和对外贸易的主力军。信息产业是最具可持续发展潜质的产业之一。

(三)信息产业是优化产业结构的重要元素

在实现国民经济产业结构优化的过程中,信息产业是重要的调节和催化元素。

作为国民经济的支柱产业,信息产业本身是可持续发展的。信息产业具有知识密集的特性,这不仅要求从业者提高自身的知识水平,而且会在信息技术产品的应用中传播新知识。信息技术作为产业支撑基础,其创新能力非常强大,新的市场不断形成,市场潜力巨大。不断创新的信息技术给几乎所有行业带来新的发展机会,并且可以带动区域产业布局的改善。服务业原本是非常传统的行业,在电子信息技术的支持下,正在衍生出现代服务业。传统的第三产业正在发生革命性变化。现代服务业的崛起又将给信息产业提出新的要求,为其他传统产业带来新的机会。信息产业的发展要求信息技术不断创新,信息技术创新成果带动其他产业进一步发展,其他产业发展中产生新的信息技术产品需求,这种需求驱动信息产业继续发展。这种良性循环促进了高新技术产业的发展,推动了传统产业改造,加速了新兴产业的崛起,从而使现代工业、现代农业和现代服务业加快发展,使三次产业结构趋于合理,并不断优化。

(四)信息产业是推动经济增长方式转变的催化剂

前所未有的资源、环境压力迫使经济增长方式转变,注重资源、环境与经济的协调发展成为转变的目标。在实现经济增长方式转变的过程中,信息产业成为加快转变过程的催化剂。

信息产业的发展推动了经济增长从粗放型向集约型转变。一方面,低消耗、少污染的信息产业在为国民经济发展做出贡献的过程中,容易做到与环境和谐;另一方面,信息技术应用于传统产业,通过改进设计、改造生产装备、改善工艺流程,有助于产业节能、降耗、减少污染、提高效率。通过大量节能型信息技术产品的应用,既部分替代了用一些不可再生资源制造的产品,又可以有效降低对资源、能源的消耗,从而引导整个社会建立一种内生的、节约型的产业结构,实现高速经济发展对有限资源的有效利用。因此,信息产业的发展以及相关技术、产品的广泛应用是推进循环经济、实现经济可持续发展的重要途径。

（五）信息产业是参与国际竞争的主力军

电子信息产品已经成为国际贸易的主角。在许多国家,电子信息产品是重要的出口商品。电子信息产品出口的扩大不仅能够有效带动一国对外贸易的发展,还能优化出口结构,通过对外贸易的良性发展推动整个国民经济的可持续发展。

（六）信息产业是维护社会稳定和谐的重要支撑

信息产业属于劳动、资本、技术密集型混合的产业部门,它的发展能够创造大量不同层次的就业岗位。信息产业的发展催化了现代服务业的兴起,使服务业领域大大拓宽,开辟了巨大的潜在服务市场。三次产业的迅速发展,将大大缓解就业压力,有助于防止社会出现大的波动,许多国家都把信息产业的发展和应用提升到战略高度来加以重视和推进。

第二节 信息化与产业转型升级研究背景

20世纪90年代以来,由于互联网的普及,带动了信息产业、信息网络的大规模发展,全球经济的发展呈现出"信息化"的特点,从而开始了一场由信息化引发的社会变革。21世纪以来,由于信息技术创新速度加快,整个经济社会的发展愈来愈依赖信息化水平的提升。然而,我国区域信息化水平良莠不齐,信息化对我国经济增长质量的作用机制尚不明确。

(1)信息化是全球发展的必然趋势。

当今社会,促进经济增长最为重要的生产要素已经由劳动、资本资源转变为信息资源。经济全球化的背景下,信息化不断推动着全球产业分工的深化,使得经济结构得以调整,重塑了全球经济竞争格局。信息化正引起全球的深刻变革,影响着经济、社会、文化发展的方方面面。可以说,信息化是全球发展的大势所趋,加快信息化发展是世界各国的共同选择。

(2)党和国家高度重视信息化建设。

无论在战略层面还是资金投入方面,党和国家都对我国信息化建设给予了相当大的支持,高度重视信息化工作。

(3)区域信息化水平存在差异。

由于我国政府高度重视信息化建设,我国各地区积极响应号召,大力推进信息化建设,信息化水平以较快速度提升。从信息化发展速度来看,我国信息化水平提升显著,全球排名领先,但是由于历史条件等客观因素,我国在信息化基础设施建设和信息技术应用这两个方面与较发达国家相比还存在着差距。由于我国东西部经济发展差距较大,我国各个省区市之间的信息化发展并不协调,信息化发展模式差异较大,东部地区的信息化发展水平远高于中西部地区。

（4）区域经济发展不平衡。

我国是一个地广人茂的大国,受自然环境的影响,不同区域之间的地形、气候、人文、经济和政治环境千差万别,区域产业结构和经济发展水平自然会受到影响,呈现出地区间发展不平衡的特征。目前,我国各地区经济发展的主要内容为西部开发、东北振兴、中部崛起和东部率先发展,在区域发展战略有序实施的情况下,新的经济增长极不断涌现,我国经济社会呈现出加速发展的新形势,区域发展不平衡的现状有所改善。

基于这样的背景,在国内外信息化研究基础上,将研究视角定位于信息化对我国产业结构转型升级的影响,通过信息化与产业结构转型升级耦合协调发展情况分析、信息产业与制造业融合的绩效考量、电子信息产业竞争力的区域比较、汽车产业、纺织产业与电子信息产业的融合与竞争新优势形成的机制以及农业信息化就绪度水平区域差异及其对农业经济效益影响等研究,为我国产业转型升级提供有益思路。

第三节　信息化对产业转型升级的影响机理

本节从产业改造和产业融合两个方面来分析信息化对产业转型升级的作用机理(图 3-1)。其一,基于创新理论视角分析信息化以新技术、新模式和新生态系统实现传统产业的改造。其二,基于产业融合理论视角分析信息化促进产业融合。

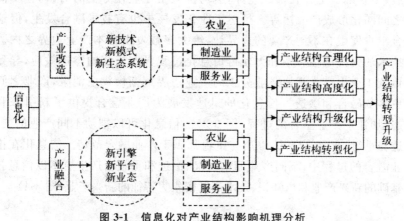

图 3-1　信息化对产业结构影响机理分析

一、信息化促进与提升产业改造

信息化具有广泛的适用性和渗透性,可以广泛渗透和运用到传统部门,通过新技术、新模式和新市场对传统的农业、制造业和服务业进行改造,为传统产业发展注入新活力(图 3-2)。信息化能够促进产业结构优化,加速三次产业结构的演进过程,提升产品和服务层次,促进产业内部结构升级。

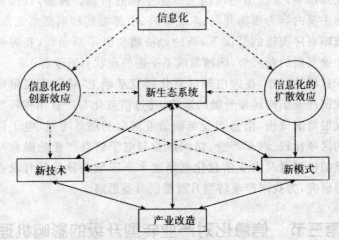

图 3-2　信息化促进产业改造路径分析

二、信息化引领与推动产业融合

产业融合是信息化进程中呈现的一种产业新范式。传统工业技术的发展,尽管细节上存在很大差异,但均扩大了专业化分工的力量,在不同部门之间同化形成产业边界。虽然工业化发展中也有技术融合发生,但这些融合很少发生在不同产业的边界处,绝大多数发生在本产业边界之内。信息技术的强渗透性和亲和力使得信息化过程具有极强的渗透效应,导致基于传统工业生产大规模产业分工的产业边界逐渐模糊或消融,产业之间发生更多的融合和渗透。信息化的迅速发展为产业融合提供了新引擎和新业态,加速了产业融合的进程(图 3-3)。信息化可以推动不同产业的交叉、渗透与重组,产业的交叉、渗透与重组都属于产业融合范畴。信息化在推动产业融合的过程中,不同产业间的交叉、渗透和重组会产生更多以信息技术为基础的新兴产业和以知识、技术高度密集为特征的新兴产业(图 3-4)。

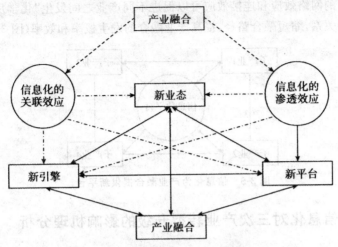

图 3-3 信息化促进产业融合路径分析

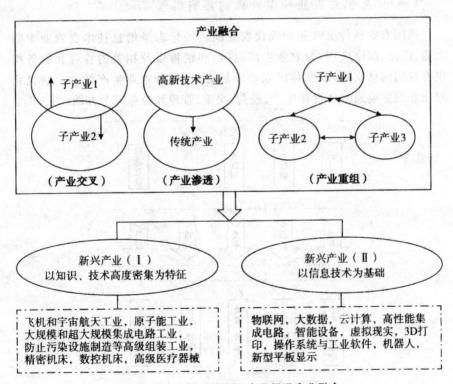

图 3-4 信息化催生新兴产业促进产业融合

信息化以新平台缩短产业融合周期,传统意义上的"平台"是指集成了功能组件的集合体,这一集合体可以以一个统一的形象主体呈现出来,而信息化为产业融合提供的"平台"则是指促进多产业互动与交叉的空间。信息化平台的网络效应和连接效应可以促进不同产业之间发生"化学反应",强化弱连接关系,缩短融合路径,提高产业融合的发生概率和效率(图3-5)。

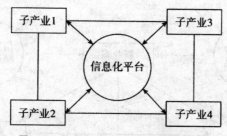

图3-5 信息化为产业融合提供新平台

三、信息化对三次产业转型升级的影响机理分析

(一)信息化对农业转型升级的影响机理

我国农业从传统农业向现代农业演进的标志是信息技术在农业中的大量、广泛、深度应用,为农业生产、供给和销售以及相关的管理和服务提供有效的信息支持,改变传统农业发展方式,提升农业生产效率。信息化对农业的影响通常体现在生产、经营、决策、管理和服务五个方面(图3-6)。

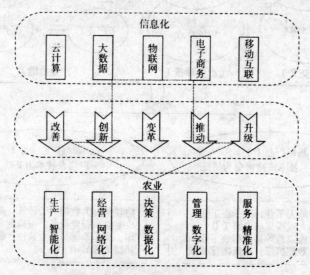

图3-6 信息化对农业的影响机理

（二）信息化对制造业转型升级的影响机理

以信息化推动我国制造业由大变强是我国制造业发展的必然选择。信息技术促进制造业各部门改造、升级、提升、做大做强，实现从产品研发设计开始到销售经营结束的全过程信息化。信息化是激发传统制造业创新活力、内生潜力、转型动力的关键所在。信息化对制造业的影响主要体现在生产、装备、系统、服务和设计五个方面（图 3-7）。

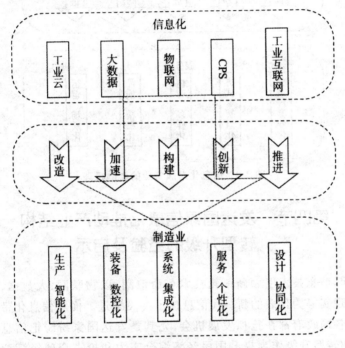

图 3-7　信息化对制造业的影响机理

（三）信息化对服务业转型升级的影响机理

信息化在推动经济体从工业经济向服务经济转型的过程中发挥着巨大作用。现代服务业是我国信息化发展中受益最大的产业，移动互联网、智能设备、大数据分析等信息技术全面渗透融入服务业各行业，不断挖掘服务业新模式、新空间、新机遇。信息化对服务业的影响主要体现在分工、方式、内容、品质和运营五个方面（图 3-8）。

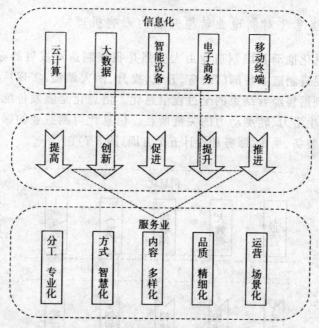

图 3-8　信息化对服务业的影响机理

第四节　发达国家信息化推动产业结构
转型升级的经验及启示

当前,信息技术引领新一轮技术革命浪潮,以物联网、大数据、人工智能、虚拟现实等为代表的新一代信息技术突飞猛进。面对信息化带来的战略机遇,各国政府都在抢抓发展机会,尤其是发达国家纷纷把信息化引领产业结构转型升级作为提升国民经济综合实力和抢占全球经济竞争制高点的重点来抓。

一、发达国家信息化推动产业结构转型升级的经验

（一）美国信息化推动产业结构转型升级经验

1. 引领信息技术革命的潮流和发展方向

戴尔·乔根森(Dale W. Jorgenson,2005)曾经测算出"1995 年以后,美国 4 个信息技术生产产业虽然仅占 GDP 的 2.9%,但却占美国经济复苏的 1/4。17 个信息技术的产业占另外 1/4 的增长值,占 GDP 同样份额",信息

技术对于美国经济的复苏与发展发挥着主导性作用。美国长期致力于掌控信息技术的国际标准和核心技术,并主导全球信息技术和产业的发展进程:

第一,产学研一体化的"长线"发展模式——企业、大学、科研机构三强携手发展。当前,美国有英特尔、IBM、高通、微软、谷歌等一批控制着全球网络信息产业链的主干的 IT 巨头,有斯坦福、哈佛、MIT 等一批提供世界上最优秀的 IT 人才的摇篮,有贝尔实验室、施乐帕洛阿尔托研究中心(Xerox PARC)、谷歌实验室(Google X)等一批在传感器、搜索引擎、云计算、大数据技术等关键技术领域占据明显优势的研究单位。

第二,推广信息技术应用到各行业。美国政府通过营造适合信息经济发展的技术环境,以较快的速度推出信息化相关政策法规,迅速实现企业信息化、电子商务、家庭和个人生活信息化、教育系信息化和农业信息化,使得美国信息技术应用的广度和深度方面走在世界前列。

第三,核心信息技术规划超前。美国当前的互联网科技规划仍旧领先于世界各国,如"联邦云计算战略"(2011)、"大数据的研究和发展计划"(2013)。

第四,重视前沿基础信息技术研究。美国非常重视信息技术的基础性研究,通过部署跨部门重大项目,确保其在前沿基础信息技术领域的绝对领先。由总统直接领导下的"网络和信息技术研发计划(NITRD)"已持续25 年,是美国规模最大、历史最悠久的跨部门计划之一,科研经费逐年增加,2017 年的经费预算额度达到 45.4 亿美元。NITRD 每年均针对信息技术发展热点,调整和部署相关研究方向,2017 年的 4 个战略优先领域为高容量计算系统发展的研发(EHCS)、高容量计算系统基础设施与应用(HCSIA)、大规模数据管理与分析(LSDMA)以及机器人技术与智能系统(RIS)。

2. 重视信息化基础设施建设

从 20 世纪 80 年代开始,美国政府就十分重视信息化的配套基础设施。从克林顿到奥巴马三任美国政府都积极主动推进信息化基础设施建设:一方面,政府主导信息基础设施建设;另一方面,鼓励私营部门进入基础设施领域。诺贝尔经济学奖获得者索洛(Robert Solow,1987)曾指出,计算机技术并没有加速提高美国的生产率,"你可以看到,计算机无处不在,只是在生产力统计中找不到它",信息技术所带动的美国生产率提升更多的是依赖于新技术所引发的 ICT 投资。从美国信息经济的发展实践来看,越来越多的证据表明 ICT 投资对于经济增长的重要作用,针对 ICT 的投资增长与劳动生产率增长之间呈现高度相关(John Ross,2015)。

(二)德国信息化推动产业结构转型升级经验

1."工业4.0"战略:信息化重振德国制造业

德国是世界上最发达的工业化国家之一,25%的人口从事制造业。2008年金融危机之后,各国纷纷意识到产业空心化带来的危害,德国政府也提出重振制造业计划,即"工业4.0"。"工业4.0"战略提出以后,德国希望通过信息互联技术,将不同类型的工业企业连接在一张联通生产者和消费者的网络上,实现生产端和消费端的同步对接。德国为"工业4.0"战略开始了面向工业的高端信息技术研究,如表3-1所示。

表3-1　德国"工业4.0"要点

序号	要点	序号	要点	序号	要点
1	建立CPS虚拟网络	8	构建价值网络	15	实现基于云的个性定制
2	推进智能制造	9	建立标准化和参考结构	16	建立监管系统
3	提升资源和能源利用效率	10	开发管理复杂系统	17	制定工业技术路线图
4	促进城市生产和人口结构变化	11	建立高速通信网络基础	18	强化培训和职业发展
5	推进制造业服务化	12	促进安全与保障	19	推进创新制造
6	生产性服务业	13	强化组织结构与设计	20	推进协同制造
7	建立双重战略	14	建立最佳时间网络	2I	建立通信平台

2.奋起直追的宽带战略

德国在互联网领域的落后已经是显而易见的,其中宽带设施的落后严重制约了德国信息化的发展。整体而言,德国的信息化基础设施建设落后于美、日、韩三国,尤其是在50Mbps的高速宽带方面差距明显。造成这一差距的原因有两方面:一方面,德国的宽带战略提出得较晚,德国2009年才开始实施宽带战略:另一方面,对运营商采取保护性策略,德国对欧洲最大的电信公司——德国电信股份有限公司(Deutsche Telekom)实施管制假期的保护性政策,即拒绝竞争者接入自己的新建基础网络,以保证主导运营商收回投资,这种保护政策对德国宽带业务产生了不利的抑制作用。伴随"工业4.0"战略的推行,对信息化基础设施提出了新要求,德国为满足"工业4.0"战略要求,密集出台了信息化基础设施建设方面的新政。

（三）日本信息化推动产业结构转型升级经验

进入互联网时代，网络媒介日益成为文化传播的重要渠道。日本是较早利用互联网传播民族文化的国家之一，早在 2007 年日本政府就通过日本书化产业的纲领性文件《日本书化产业战略》，提出日本要积极利用互联网向全世界传递日本流行文化包括动漫、音乐、影视、游戏等，一方面为日本创造了直接经济利益，另一方面通过文化输出，帮助日本树立了良好的国际形象。2010 年，日本政府公布的《新经济发展战略蓝图》中提到，"发展全球通用的网上数码内容，力争经济波及效果达到 10 万亿日元"。在竞争日益激烈的文化产业中，"日本网络文化发展战略在国际比较中具备最高水平，日本有着将'人气'转变成'新商品'的国际竞争力，这与其高明的网络文化产业战略直接相关"。日本政府始终高度关注其海外形象，仅仅2015 年日本内阁先后通过《关于强化产业竞争力的实行计划》《关于振兴文化艺术的基本方针》《知识财产推进计划 2015》《关于经济财政运营与改革基本方针 2015》等战略方针，其中都涉及利用信息化手段输出和传播其民族文化。日本网络文化产业的成功经验是信息化战略与文化战略融合发展的典范，这一点对于逐步走向世界舞台中心的中国具有很强的借鉴意义。

（四）韩国信息化推动产业结构转型升级经验

1. 信息化基础设施建设规划超前

韩国的信息化基础设施领先全球，在同际电信联盟（ITU）、国际数据公司（ITC）等全球性信息化评定机构中，韩国始终名列前茅。韩国打造出全球领先的信息化基础设施，政府主要从两方面着手：

一是不断出台宽带新政。从 1999 年开始，韩国每年都会提出新的宽带政策，在宽带建设上不断投入重金，力促通信产业发展。

二是升级网络基础设施战略。韩国对于网络基础设施的战略是不断升级的。2004 年 3 月，提出"u-Korea"战略，旨在提供"使所有人可以在任何地点、任何时间享受现代信息技术带来的便利"。

2. 运营商竞争战略

韩国的科技实力并不是全球最先进的，然而韩国是全球公认的网络基础设施最为完善的国家之一。韩国在基础设施上的成功要归功于韩国的运营商竞争策略。韩国宽带市场竞争非常激烈，尽管韩国国内市场狭小，人口仅有 5000 万人，但却拥有 SK 电讯、KT（韩国电信）和 LG（乐金）三大电信运营商,激烈的市场竞争导致韩国的宽带资费非常低廉。2010年,韩国政府在世界范围内较早引入移动虚拟运营商(MVNO)制度,进一步打破三大运营商的垄断,并出台了大量配套政策支持,以此引导市场进一步降低通信资费。当前,韩国的基本宽带服务接近免费,商家主要通过高附加值宽带服务盈利。

(五)英国信息化推动产业结构转型升级经验

1. 战略和财政双重支持

2017年3月,英国政府正式出台了英国数字化战略,启动推进数字化业务。推动大数据、人工智能等新技术研究是战略的重要组成部分,希望以此提升英国在数字化时代的竞争力。英国数字化战略中对于大数据产业发展的支持,主要举措是建立大数据产业加速器,即通过政府整合技术、人才、资金等产业生态发展需要的资源,孵化推动一批大数据企业的发展。

同时,英国政府长期以来,在推动信息化应用方面投入大量资金。2013年4月,英国经济和社会研究委员会宣布投入6400万英镑用于大数据研发,其中一半以上资金用来建立"行政数据研究网络",以促进政府数据对科学研究、政策制定和执行的作用。2014年,英国政府又投入7300万英镑进行大数据技术开发,包括在55个政府数据分析项目中开展大数据技术应用。

2. 充分应用雄厚的技术积累

作为工业革命的发源地,英国在信息技术的普及和应用方面落后于美国,但总的科技创新能力和科研团队仍然是全球顶尖水平。英国政府对于大数据抱有非常大的期望,"两百年前的工业革命用前所未有的方式开创了历史,现在我们用大数据的形式来进行生产和提供服务同样是在创造历史"。英国充分利用国内一流的科研机构和高等学府,发挥其在计算机处理、人工智能、计算机软硬件开发等信息技术领域的技术储备。英国在大数据前沿技术方面有着非常一流的企业,如著名的阿尔法狗(AlphaGo)就是由位于英国伦敦的谷歌旗下的DeepMind公司研发。

二、发达国家的共性经验与对中国的启示

(一)发达国家的共性经验

根据对美国、德国、日本和韩国信息化推动产业结构转型升级经验的

分析,总结出各国规划的特点(表 3-2),发现各国对于信息化发展布局虽各有侧重,但也有一些共性的特点,主要体现在四个方面:

一是重视信息化基础设施建设。无论是发达国家信息化发展经验,还是当前世界各国信息化发展实际,无一不重视信息化基础设施建设。信息化基础设施建设,既可以拉动经济内需,又可以创造持续发展动力。

二是坚持体系化发展思维。将前沿技术的布局融入整个电子信息科技的体系里,系统组织跨部门、跨行业的信息科技项目。美国、德国以及日本的信息科技研发的持续性由来已久,科技计划的整合很有系统性,如 NI-TRD、FP7 和 Horzion 2020。

三是注重龙头企业培养。各国都很注重培养 IT 龙头企业,发挥龙头企业对产业链和价值链的垂直整合作用。美国的"八大金刚"、德国的 SAP、日本的日立以及韩国的三星等大企业决定了全球信息技术产业格局。

四是紧密融合信息技术发展与本国经济社会发展需求。将信息技术发展与本国经济社会发展需求融为一体。美国、德国、日本和韩国电子信息科技研发的产出导向最大的特点是为纳税人和社会做出贡献,解决社会发展的关键问题。

表 3-2　各国信息化规划与战略核心内容比较

序号	信息化核心内容	美国	德国	日本	韩国	中国
1	宽带基础设施	√	√	√	√	√
2	高速宽带	√	√	√	√	√
3	信息技术研发	√	√	√	√	√
4	网络教育	√	√	√	√	√
5	智能型交通			√	√	√
6	智能型电力	√				√
7	智慧城市					√
8	信息产业化	√		√		√
9	电子商务	√				√
10	互动型软件服务	√				
11	金融信息化	√		√		√
12	农业信息化	√		√	√	√
13	网络型制造业	√				√
14	工业发展路线图	√	√	√		√

续表

序号	信息化核心内容	美国	德国	日本	韩国	中国
15	云制造	√	√			√
16	个性化定制		√			√
17	制造服务化		√			√
18	制造体验化		√			
19	CPS 虚拟网络		√			
20	价值网络构建		√			
21	通信平台的建设		√			
22	资源和能源的利用效率		√			
23	协同制造		√			√

(二)对中国的启示

"他山之石,可以攻玉",通过对比分析美国、德国、日本、韩国等发达国家以信息化推动产业结构转型升级的发展经验,有助于我国信息化推动产业结构转型升级,并从中得到一些有益的启示。

一是要制定好信息化战略规划。美、德、日、韩等发达国家和地区企图通过战略上强化研发设计和高端服务领域的优势,继续占据国际产业竞争制高点,抢占网络空间国际主导权,因此我国在信息化推动产业结构转型升级过程中,要制定好具有前瞻性的战略规划。

二是要制定明确的信息技术和产业发展的路线图。发达国家很多新技术和信息产业的发展规划都横跨 20～30 年,每一阶段的发展目标也较为明确,因此我国应明确支持信息化发展的重点方向,统筹协调行业发展布局规划、重大政策和资源优化配置。

三是要将现代信息技术与产业结构转型升级有机融为一体。通过信息产业化与产业信息化的互动关系来加快推进产业结构转型升级。将信息科技布局与信息化和信息产业布局同步协调起来,避免研而不用,或者研而无用,造成资源浪费。创造有利于新一代信息技术产业创新发展的环境,形成应用、技术、产业、网络之间良性互动的模式。

第四章　数字经济下的农业转型升级

农业现代化的推进越来越依赖信息化的发展,信息化的发展程度已经成为衡量农业现代化水平的重要标志。抢占农业现代化的制高点,将"互联网＋"与现代农业的全面深度融合作为驱动农业"跨越发展"、助力农民"弯道超车"、缩小城乡"数字鸿沟"的新动能,将成为推动中国农业现代化发展新的重要任务。

第一节　农业概述

农、林、牧、渔业即大农业的生产力在整个社会生产力中具有基础作用。马克思指出,"超过劳动者个人需要的农业劳动生产率,是一切社会的基础","社会为生产小麦、牲畜等所需要的时间越少,它所赢得的从事其他生产、物质的或精神的生产的时间就越多"。

一、农业的基础作用

1. 农业是粮食等基本生活资料的来源

农业是人类生存之本、衣食之源。劳动力的再生产是社会得以延续和发展的最起码、最基本的条件,而要维持劳动力再生产,即人们要生存,首先要有必不可少的粮食等生活必需品。没有这些农业所提供的生活必需品,一切人类活动都会终止,劳动力的再生产也会终止。人类最早所必需的一切生活资料,几乎全部来自农业。现在来自农业的比重有下降的趋势,但是农业产品及其加工品仍是人类物质生活资料的主要成分。

随着科学技术的不断进步,农业的劳动生产率不断提高。农业劳动生产率越高,农业所提供的剩余粮食等必需品越多,社会就能够把更多的劳动力用于工业、商业、文化教育事业等,这些事业就有可能得到更快的发展。反之,如果农业生产率低下,则提供的商品粮少,工业和其他行业的发展就会受到粮食产量的制约。

总而言之,农业能够提供多少商品,不仅关系到城乡人民生活的改善,而且直接影响到工业和其他行业的发展规模与发展速度。

2. 农业是劳动力的主要来源

工业和其他事业所需的劳动力,一部分来自城市,但大部分要依靠农村提供。只有农业劳动生产率提高了,才能从农业中节约出更多的劳动力,并把他们输送到工业和国民经济其他部门。

3. 农业是原料的重要来源

工业生产所需要的原料,除了由工业本身提供外,很大一部分还由农业提供。随着工业和生产技术的发展,由工业本身提供的原料的比重将会逐步增加,但农业原料在相当长的时期内仍占有重要地位。

4. 农业是重要市场

随着农业和农村的现代化,农村这个最广阔的市场对商品、资金、技术的需要和消化能力将逐步提高。它是工业产品与其他商品、资金和技术的重要市场。

5. 农业是资金积累的重要来源

发展国民经济所需要的资金来源有很大一部分同农业有关系。农业通过农产品加工生产、运输和向农业销售工业品所得的商业利润上缴部分积累起来的资金。

二、农业基础建设

2008年中央一号文件,即《中共中央国务院关于切实加强农业基础建设进一步促进农业发展农民增收的若干意见》强调了生产和发展的核心问题在于加强农业基础建设。该文件的主要内容有:

(1)分析农业、农村的形势,提出促进农业发展、农民增收的总体性要求。

(2)继续巩固、完善、强化强农惠农政策。其主要措施为增加对农民的种粮直补、良种补贴、农机具购置补贴和农业生产资料价格综合补贴。

(3)提高农村生产和农村生活的基本公共服务水平。

(4)加强农村体制建设和组织建设。

三、现代农业发展的成绩显著

1. 为乡村振兴提供产业支撑

传统农业粗放的生产方式被现代农业高效、低耗的生产方式所取代，现代农业产业体系、生产体系、经营体系初步建立，绿色农业、循环农业、特色农业、品牌农业蓬勃发展，农业供给体系的质量和效益进一步提高，为乡村振兴提供了产业支撑。实施龙头企业带动战略和工业倍增计划，同时鼓励支持农产品加工业与休闲、旅游、文化等产业深度融合，初步建起现代农业产业体系。

2. 初步形成农业有效供给

各地农村都在调整优化农业结构，推动种植品种由单一向多元化、特色化方向转变，打造品种丰、品质优、品牌强的农产品有效供给体系。

3. 引领现代农业绿色发展

经营规模小是现代农业发展的最大制约。农村土地制度改革和农村产权制度改革不断深化，有助于引领适度规模经营，增强农业农村发展的内在动力。

4. 党中央持续关注现代化农业和农业现代化

党的十八大以来，中央一号文件持续关注现代农业、农业现代化建设。

2013年，《关于加快发展现代农业进一步增强农村发展活力的若干意见》提出，围绕现代农业建设，充分发挥基本经营制度优越性，着力构建新型农业经营体系。

2014年，《关于全面深化农村改革加快推进农业现代化的若干意见》提出，公共财政要坚持把"三农"作为支出重点，中央基建投资继续向"三农"倾斜，优先保证"三农"投入稳定增长。

2015年，《关于加大改革创新力度加快农业现代化建设的若干意见》提出，必须尽快从主要追求产量和依赖资源消耗的粗放经营转到数量质量效益并重、注重提高竞争力、注重农业科技创新、注重可持续的集约发展上来，走产出高效、产品安全、资源节约、环境友好的现代农业发展道路。

2016年，《中共中央国务院关于落实发展新理念加快农业现代化实现全面小康目标的若干意见》提出，推进农业供给侧结构性改革，加快转变农业发展方式,保持农业稳定发展和农民持续增收,走产出高效、产品安全、资源节约、环境友好的农业现代化道路。

2017年,《中共中央国务院关于深入推进农业供给侧结构性改革加快培育农业农村发展新动能的若干意见》提出,支持有条件的乡村建设以农民合作社为主要载体、让农民充分参与和受益,集循环农业、创意农业、农事体验于一体的田园综合体。

第二节　传统农业向现代农业的转型

一、信息技术助推农业全产业链改造和升级

从农业全产业链来看,信息技术与现代农业全产业链的跨界融合,正在助推农业全产业链不断改造和升级,不断提升我国农业生产智能化、经营网络化、管理数据化和服务在线化的水平。

首先,物联网是新一代信息技术的重要组成部分,物联网技术与农业生产融合,催生了农业自动化控制、智能化管理,提高了我国农业生产效率。物联网技术基于信息感知设备和数据采集系统获取作物生长的各种环境因子信息(感知层),结合无线和有线网络等完成信息的传送与共享(传输层),将信息保存到信息服务平台(平台层),基于模型分析,通过计算机技术与自动化控制技术实现对作物生长的精准调控以及病虫害防治(应用层),降低农业资源和劳动力成本,提高农业生产效率。近年来,随着芯片、传感器等硬件价格的不断下降,通信网络、云计算和智能处理技术的革新和进步,物联网迎来了快速发展期。

其次,电子商务是以网络信息技术为手段,以商品交换为中心的商务活动。电子商务与农产品经营深入融合,突破时间和空间上的限制,正在转变我国农产品的经营方式,农业电子商务依托互联网已经成为推动我国农业农村经济发展的新引擎。一是电子商务加速了农产品经营网络化,解决农产品"卖难"的问题,增加农产品销售数量,并倒逼农业生产标准化、规模化,提高农产品供给的质量效益,提高了农民的收入水平;二是电子商务促进了农业"小生产"与"大市场"的有效对接,从一定程度上改变了以往农产品产销信息不对称的局面,农民可以主动调整农业生产结构,规避生产风险,提升了农业生产的效率;三是电子商务拓展了农产品分销渠道,解决农产品销路不畅的窘境,提高了农民生产农产品的积极性。

第三,大数据是海量数据的集合,作为国家基础性战略资源,大数据已

发展为发现新知识、创造新价值、提升新能力的新一代信息技术和服务业态。农业大数据作为大数据的重要实践，正在加速我国农业农村服务体系的革新。基于农业大数据技术对农业各主要生产领域在生产过程中采集的大量数据进行分析处理，可以提供"精准化"的农资配方、"智慧化"的管理决策和设施控制，达到农业增产、农民增收的目的；基于农村大数据技术的电子政务系统管理，可以提升政府办事效能，提高政务工作效率和公共服务水平；基于农业农村海量数据监测统计和关联分析，实现对当前农业形势的科学判断以及对未来形势的科学预判，为科学决策提供支撑，成为我国农业监测预警工作的主攻方向。

二、我国数字农业的发展现状

数字农业的目的是为发展现代农业和提高农业发展效益，解决现有农业生产中存在的各种供求矛盾。具体来说，数字农业是利用现代计算机技术和互联网手段与平台，定量数字化模拟、加工与决策，使得农作物生长与产供销全过程智能化、数字化和信息化。显然，数字农业是我国农业未来发展的主要方向，也是实现农业现代化的重要举措。为支持数字农业概念落地，我国先后在多个现代农业政策中提及数字农业的推广。根据"十三五"规划要求，未来五年，我国农业农村信息化总体水平将提升至50%，基本完成农业农村信息化从起步阶段向快速推进阶段的过渡。与此同时，随着物联网技术日趋成熟，以及远程监控、无线传感器监测等不断发展，智慧农业的建设步伐将加快，帮助农业生产更加快捷、有效。

目前，数字农业在农业领域的应用主要集中在食品溯源、生产环境监测和农业精细化管理等方面。自2011年起，农业部结合国家物联网应用示范工程，在北京、黑龙江、江苏开展了农业物联网应用示范，在天津、上海、安徽组织了农业物联网区域试验。物联网技术在农业领域的应用已经取得明显成效，涌现出一批比较成熟的软硬件产品和应用模式，试验示范出一批先进适用的传感器设备、一批配套的应用软件、一批成熟的技术应用模式、一批可行的市场化解决方案，为粮食增产、农业增效、农民增收以及解放和发展农村生产力、促进农业可持续发展发挥了先导示范作用。

在大田种植方面，通过综合运用3S技术、智能化农机装备、作物生产管理专家决策系统等，实现了生产管理的定量化、精确化，亩均减少农药、化肥施用量10%以上，单产提高5%～10%。在设施园艺方面，通过对光、热、水、气、肥等环境因子的实时监控，创造植物生长的最佳环境，设施温室和大棚的产量和效益平均提高10%以上。在畜禽养殖方面，运用自动调控畜舍环境和智能化变量饲养技术,实现养殖环境因子远程调控和预警预报,平均减少劳动用工30%以上,养殖和疫病防控水平显著提高。以生猪养殖为例,农业监测、控制智能管理平台可以提高单位时间产出率8%,降低生猪病患率以及病体传播50%。在水产养殖方面,推广应用以调控水体溶解氧为主要目标的智能控制系统,实现了养殖环境自动调控和水体环境闭环控制,水产品产量和质量明显提高,节本增效10%以上,同时水体环境污染得到有效控制。

数字农业能够有效提高农业园内部的管理效率,加强农业生产、加工、运输到销售等全流程数据共享与透明管理,实现农产品全流程可追溯,对于提高农产品品牌建设、增加附加值、保证农产品质量安全具有重要意义。但与此同时,物联网在农业领域的应用也受到基础投入不足、关键技术有待突破以及农业用智能软件严重滞后等限制因素的影响。

三、数字化对农业转型发展的作用分析

(一)传统农业存在的问题

传统农业是在自然经济条件下,采用人力、畜力、手工工具、铁器等为主的手工劳动方式,靠世代积累下来的传统经验发展,以自给自足的自然经济居主导地位的农业。它是采用历史上沿袭下来的耕作方法和农业技术的农业。传统农业具有低能耗、低污染等特征,在当今时代依然发挥重要作用。

其特点有以下方面:精耕细作,农业部门结构较单一,生产规模较小;经营管理和生产技术仍较落后,抗御自然灾害能力差,受自然天气影响非常大,"靠天吃饭"是最好的诠释;农业生态系统功效低,商品经济较薄弱,基本上没有形成生产地域分工。

(二)数字化在我国农业转型发展中的作用分析

数字农业的发展,一方面得益于物联网等新信息技术日渐成熟,另一方面也是现代农业未来发展的需要。因为农业生产正进入精细农机的阶段,是当今世界现代化农业发展的方向,以信息技术为核心,根据空间变异定位、定时、定量地实施一整套现代化农事操作技术与管理的系统,其根本是根据作物生长的土壤性状,调节对作物的投入。通过物联网与精细农机相结合,特别是较大规模的现代化农场,对企业的经济效益和管理都有很大提高。数字农业的应用价值有:建立无线网络监测平台,对农产品的生

长过程进行全面监管和精准调控;开发基于物联网感应的农业灌溉控制系统,达到节水、节能、高效的目的;构建智能农业大棚物联网信息系统,实现农业从生产到质检和运输的标准化和网络化管理。

另外,数字农业能够极大便利客户迅速、稳定、低成本地部署业务,为其提供一揽子解决方案。

总而言之,数字农业理念的产生给农业发展带来了新的机遇,让农业生产由靠"天"收向靠"智"收转变,让传统农业由结构调整,再实现转型升级,推进农业供给侧结构性改革,大力推进规模化经营、标准化生产、品牌化营销,向农业的深层次、多层次进军。以数字化、智能化、信息化为主要内容的数字农业兴起,有利于形成大批高效、生态、安全型技术和技术产品。

(三)数字农业目前存在的主要问题

尽管数字农业前景一片广阔,但由于起步较晚,整体上仍处于初步阶段,存在种种问题。现阶段,数字农业主要面临以下五个主要问题。

其一,农业信息通信设施严重缺乏。现代计算机技术的应用,必须有基本的通信设施,而我国农村地区通信设施建设严重滞后,导致农业数字化水平较低,农业信息的时效性、准确性有限。

其二,缺乏统一的物联网技术标准。物联网技术标准的缺失,同样制约着数字农业的进一步成熟,从而造成无法满足农业标准化生产对资源的需求,以及科研工作对农业信息进行全面、广泛获取的需求。

其三,农业使用者素质有待提高。我国农业从业人员素质相对较低,应用和接受现代计算机技术能力弱,不利于数字农业的推广普及。

其四,现代农业信息推广应用不足。我国大部分地区的农业种植集约化程度不高,规模化农业生产力度不够,主要原因便是现代农业信息推广应用不足。

其五,新技术推广不利。数字农业技术从实验室到田地间面临阻碍重重,未来在推广上还需加大力度。

四、"互联网十"怎样链接农业

就以往的经验来看,互联网确实具有链接其他行业的属性。例如,实体经济与互联网的链接,催生了电子商务。这不仅使实体经济焕发出了新的生命力,使老百姓的生活、购物变得更加便利,而且孕育出了一批优秀的互联网企业,阿里巴巴、京东等都因此而发展壮大。

由于农业本身固有的特点,一直以来并未与互联网发生实质性的链接,但这并不意味着"互联网＋"无法链接农业。

村村乐的创始人胡伟就是"互联网＋"链接农业的探索者。他打造的村村乐平台,目前已经成为国内最大的"扎根农村、服务三农、惠及三农"互联网综合性平台,而且由于紧随行业潮流和切合用户需求,村村乐也更进一步推动了"互联网＋"链接农业的进程。

通过不断地发展,村村乐已经越来越"接地气",其覆盖的村庄已经超过了60万个,招募的网络村干部也超过了20万人。另外,通过帮助农民售卖农产品、代理化肥、电影下乡、路演巡展、墙体广告等形式的经纪人模式,村村乐已经为广大农村引进了多方面的战略合作,在资金统筹、保险理财、农村贷款等方面给农民提供了极大的支持。

为了尽可能地采取多样的方式接近农村,增加与农民的沟通,更好地为农民服务,村村乐正努力打造一个以村庄小卖部为据点的集物流代办中心、信息交流中心、服务中心、销售中心等为一体的覆盖农村的连锁超市系统。

虽然过去数十年农业互联网化的口号一直存在,但由于农业易受交通、环境等多种因素的影响,因此相比其他领域并不具备链接"互联网＋"的优势。但随着互联网的进一步发展和新农人理念的改变,农业互联网化的趋势正在蓬勃发展。

村村乐的发展属于"互联网＋"与农业的链接和融合。"互联网＋"与农业链接的根本目的在于用互联网的要素带动农业的发展。

五、运用互联网思维改造传统农业

"三农"问题多年来一直备受人们关注。随着时代不断向前发展,传统农业的发展遭遇了种种"瓶颈",要想有所突破,必然要改变发展模式。互联网恰恰凭借其强大的流程再造能力,给农业注入了新鲜活力。

互联网的思维方式是系统化的,同时也具备网罗信息资源、搭建优质平台的能力,其与农业的结合可以对农业进行一个系统的产业优化升级,从产业链的每一个具体环节入手,注入现代理念,最终突破农业发展的"瓶颈",形成符合时代发展潮流的互联网农业模式,其优势主要体现在五个方面:建立起农业生产的标准、打造高效廉价的营销入口、树立安全健康的品牌形象、升级农产品销售模式、提高农村金融服务。

（一）建立起农业生产的标准

所谓"智能农业",其核心便是物联网在农业生产中的应用。这种技术可以把农业生产中的诸多因素通过无线传感器进行实时采集,然后及时迅速地将信息进行整合,从而做出精确判断,来决定农业设备是否开启。这样便极大地提升了效率,降低了可能的损耗。

另外,物联网可以从生产这个环节对农业进行彻底改造,目前这种方式还未流行,但必然会成为一个发展趋势。

(二)打造高效廉价的营销入口

对于农业来说,互联网营销最大的优点便是成本极低,通过移动信息工具等入口,可以建立多种多样的营销入口,比如微信、微博、QQ等。互联网通过此类入口可以在客户与行业之间搭建桥梁,并且是相当受消费者信任的桥梁。此外,营销打响品牌的能力也不容小觑。最令传统农业头疼的一个问题就是品牌问题,缺少品牌效应,农产品的附加值就上不去。而营销借助互联网产生了极大的推广效应,因为成本低,所以宣传的覆盖率就可以极尽所能地扩大。苹果品牌"潘苹果"为什么能迅速蹿红?其中营销的力量功不可没。

农业若要建立高效廉价的营销入口,切不可盲从,需要遵循以下几条原则:

(1)不能泛化营销。任何产业都有自己的潜在客户,这些客户就是销售的重要目标。整合数据、精确定位,这是农业营销的第一课。

(2)质量与服务并重。狠抓质量,再加上利用客服保持与客户的紧密联系,营销才能起到应有的作用。

(3)适当控制产业链。不贪多也勿狭隘,既不能试图覆盖整个产业链的经营,也不能只着眼于其中的一个方面。合理分配,优化利用,生产环节中严把质量关与产品标准化生产结合才是最重要的。

(三)树立安全健康的品牌形象

食品安全问题广受关注,人们对食品安全的信任呈降低趋势。如何重拾客户的信任,是传统农业亟待解决的问题。

要想使人们恢复对农产品的信任,最直接的办法便是恢复农产品生产链条的透明化,这在传统农业中几乎是一个不可能完成的课题,但互联网农业却以其强大的线上交流模式弥补了这一缺陷。

可追溯系统是从食品行业中延伸出来的,人们可以通过一个小小的二维码实现对整个生产过程的追溯,包括耕种地点、生长环境、采摘日期等,这样便实现了产业过程的透明化。当然,其实现还需要互联网的支持。

由此一来,人们因为了解得多,信任感自然增强,再加上权威机构给予肯定认证,安全健康的品牌形象便可以建立起来。

(四)升级农产品销售模式

目前,电商平台的发展为我国农产品的销售提供了更加便捷的途径。在此之前,农产品生产规模小,与大市场的对接有困难,加之农产品从种植到收获需经历一定时间,受气候等不可抗力因素影响大,因此"销售难"现象时有发生。

电商平台的建立则直接拉近了消费者与生产者之间的距离,使地域问题对农产品的影响相对削弱。距离的缩小意味着成本的降低,从而压低了商品的最终价格。价格降低,销售成本减少,销量增大,企业的利润当然也就随之增长了。正如新华社特约经济分析师马文峰所说:"企业能做大的,都是流通环节所减少的。"

此外,电商平台清货的能力也是可圈可点的。2013年11月25日,"淘宝网特色中国海南馆"(由海南省农业厅和阿里巴巴集团联合打造的电商平台)正式上线,仅椰子饭便销售掉了以往线下全海南岛一年销售量的63%,成果显著。

不仅如此,互联网一个极大的优势就是可以利用强大的数据分析帮助农业生产定位客户群,分析客户的需求,这使得生产具有了一定目的性,实现了利润的最大化。

(五)提高农村金融服务

金融问题一直是经济发展的核心问题,农村金融服务却一直未能跟上经济发展的脚步,不能够满足村民的需要。

农村金融产品种类较为单一,供给方面不足,虽然金融机构创新的脚步从未停止,比如2000年以来,中国人民银行和银监会鼓励涉农金融机构展开小额信贷、村镇银行等方式多样的金融产品及服务的创新,但是由于受地域问题、产业结构等多方面因素的限制,原来存在的问题依旧比较突出,创新之路还很艰难。

互联网农村金融服务在未来还有很长的路要走,具体来说主要是两个方面。

1. 小额信贷

小规模的经营者是农村小额贷款的主要服务对象,如零食零售、餐饮业等。

　　这类贷款业务数额不大,且相对较为分散,但优势在于资金安全问题与大规模贷款相比更加有保障,也更能吸引贷款者的目光。

　　更为重要的是,农村城镇化的脚步日益加快,随着越来越多的农村城镇化,对银行的依赖会更大,银行的数量将不断增加。

　　P2P 贷款公司在农村发展良好,最引人注目的莫过于贷帮,它被称为首家银行资金监管平台。贷帮通过互联网来出借资金,但具体的贷款业务是在线下进行,这样可以确保贷款人资金以及信息的安全。贷帮的贷款程序十分严格,不但会对贷款人的资质亲自上门审核,而且还在各地农村开设办事处,并规定贷款者与当地办事处的路程不得超过半个小时。

　　贷帮利用互联网外加自己的风控体系对贷款人进行审核筛选,建立起了对接交易的商务模式。

　　2. 农业保险

　　自古以来,农业生产的成败便与自然环境息息相关,与之相应的,农业生产者们从投入生产那一刻起便承担着自然和经营两方面的风险,规避风险最有效的方式便是投保。

　　从大体上来说,保险的形式有两种,一种是政策保险,另一种是商业保险。

　　虽然我国素来重视农业发展,政策上对农业的保障从未有过间断,但是仅凭政府之力是远远不够的,因此商业保险必不可少,何况政策给予的补贴也会减轻农民投保的压力。2007 年到 2012 年,我国农业保险的收入达到 600 亿元,市场活跃度仅次于美国。

　　但农业经营存在着风险大、赔率高的特点,因此许多保险公司在这一方面的积极性不是很高,直接导致了农业保险种类单一,主要是小麦、玉米、棉花三种农作物。

　　而现今,借助互联网强大的数据流进行分析,对各种可能出现的灾害等问题进行网络模拟,便可以使农业保险赔付率大为降低。例如,美国加州的 The Climate Corporation 公司,凭借其网络数据采集与分析平台,对各种风险进行模拟和判断,来作为提供农业保险的依据。在这个农业保险赔付率高的时代,该公司能以一己之力获得不菲的风投,足可见互联网农业保险具有相当好的发展前景以及丰厚的商业价值。

第三节　数字经济推动精准农业

一、数字经济推动精准扶贫

　　腾讯董事会主席马化腾在 2018 年"两会"建议利用网络打破数字鸿沟,精准扶贫。另外,一些存量的传统行业和互联网衔接之后,产生了大量转型升级的机会,也产生很多矛盾和冲突,国家支持数字经济业态,该怎样正视问题和解决问题需要关注。

　　阿里巴巴的普惠式发展实践始于 2009 年电商消贫。消贫的核心思路是用商业模式扶持贫困地区经济发展,通过电商赋能使他们具备致富脱贫的能力。"淘宝村"和"农村淘宝"是阿里巴巴消贫战略体系的"双核"。"淘宝村"以市场为主要推动力量,核心是"大众创业、万众创新",依靠市场激发出的草根创新力。"农村淘宝"以"平台＋政府"为主要推动力量,核心是建设立足农村的电子商务服务体系,培育电商生态,完善电商基础设施,推动贫困群众对接电子商务,助其增收节支,进而改变其生产和生活方式,从物质层面和精神层面双双脱贫。先期成长起来的"淘宝村",是由市场需求驱动建立起来的电商服务体系,可以帮助"农村淘宝"为农村居民提供更多的服务;而依托"农村淘宝"培育和建立的电商生态和基础设施,未来在农村也有机会生长出更多的"淘宝村"。加上阿里平台上诸多的涉农业务,如"特色中国""满天星""农村金融"等,共同构成了阿里巴巴"双核＋N"的农村消贫战略体系。

　　"淘宝村"和"淘宝镇":全国 17 个省市区,已经涌现出 780 个"淘宝村",71 个"淘宝镇",聚集了超过 20 万户的活跃卖家,网店销售额超过 1 亿元的"淘宝村"就超过 30 个。

　　"农村淘宝":截至 2016 年 6 月,"农村淘宝"已经在全国 28 个省、自治区的 379 个县开业,其中国家级贫困县 94 个,省级贫困县 95 个,建立起了18000 多个村级服务站,招募了 2 万多名合伙人(或淘帮手)。2015 年"双十一"购物狂欢节,每个村点平均实现约 3.7 万元的消费,全国"农村淘宝"合伙人的月均收入已经接近 3000 元。

　　"特色中国":"特色中国"推动地域精品全面"触网",其中包含 168 个"特色中国"市县馆。"特色中国"基于地域信息,向全国消费者介绍当地特产。通过电子商务和无线网络,流通效率得到极大的提升。

　　"产业带":"产业带"打造线上批发市场,帮助县域传统产业转型升级。

截至 2015 年 11 月 30 日,已与阿里巴巴签约的县级产业带 39 个,入驻卖家 8.89 万家,2015 年 1~11 月累计完成交易额 417.41 亿元。

"满天星"计划:"满天星"计划旨在搭建安全农产品的溯源体系,自 2015 年 4 月启动第一家试点县以来,"满天星"农产品溯源计划签约县已经达到 51 个。

"菜鸟网络":"菜鸟网络"与第三方物流合作,通过补贴等手段,打通乡村物流通道。截至 2015 年 12 月底,"菜鸟网络"跟随"农村淘宝"进驻了 23 个省份的 225 个县。拥有 24 个物流合作伙伴、近 800 辆运输车。下行日均履行 9 万单,上行日均履行 2500 单。累计发放物流补贴 3500 万元。

淘大县长电商研修班:县长电商研修班由淘宝大学与阿里研究院倾力打造,旨在为县域电商发展培育高级人才。截至 2015 年 12 月底,淘宝大学县长电商研修班已成功开办 40 期,覆盖全国 26 个省/自治区的 193 个地级市、598 个县,共培训县级领导干部 1572 人。

二、阿里巴巴普惠式发展战略的成果

(一)帮助贫困地区消费节支

2015 年 832 个国家级贫困县在阿里零售平台上,共完成消费 1517.61 亿元,同比增长 50.39%,其中超过亿元的有 505 个贫困县。

根据我们在农村基层的调研,网上购买的商品比农村线下价格平均低 20%左右,因此阿里零售平台上的电商消费,为贫困地区节约支出超过 300 亿元。

(二)帮助贫困地区变现增收

2015 年 832 个国家级贫困县在阿里零售平台上,完成销售 215.56 亿元,同比增长 80.69%,其中超过亿元的有 38 个。一些贫困地区依靠传统产业线上转型,焕发出新的生机;一些贫困地区依托本地资源,将土特产品卖上全网;更有一些贫困地区把握市场需求,根据需求找资源、促生产,同样实现增收脱贫。

(三)为贫困地区搭建新型服务体系

"农村淘宝"搭建的 18000 个村级服务站,除了消费品下乡和农产品进城的双向商品服务外,依托各涉农业务,阿里还在农村地区展开了众多生活服务的创新实践。例如,通过与当地的联通、电信等运营商合作,为村民提供充值、上网等服务;通过与去啊平台(阿里旅行)合作,为村民提供预定火车票、飞机票、宾馆等服务;通过与支付宝合作,给村淘合伙人授信,为村民提供生活缴费、小额取款等服务。未来依托阿里健康平台,还会为村民提供挂号、取药、远程诊断等服务。

（四）为贫困地区建立电商基础设施

通过农村淘宝项目的落地,阿里巴巴还帮助农村建立起电商基础设施,包括交易、物流、支付、金融、云计算、数据等。未来各类经营主体、各种创业者都可以借助这些基础设施,为农村、农民带来更丰富、更创新的信息化服务。

（五）为贫困地区孕育电商发展生态

（1）"淘宝村"。截至 2015 年 12 月,全国已发展各种类型的"淘宝村"780 个,这些"淘宝村"有效提高了当地农民的收入,提升了农民生活幸福指数,也成为拉动农村经济发展、促进农村创业和就业、缩小城乡数字鸿沟的新型渠道。

（2）电商人才。截至 2015 年底,832 个国家级贫困县在阿里零售平台上,共有用户 2309 万人,共有卖家 33.21 万人。

（3）"农村淘宝"合伙人。自 2015 年 5 月起,阿里巴巴集团启动了农村淘宝的"2.0"模式,合作伙伴为专业化的"农村淘宝合伙人",阿里巴巴计划在未来发展 20 万名合伙人。

（六）开展电商消贫助农的专项活动

阿里巴巴集团利用在互联网渠道上的优势,在旗下的淘宝、天猫、聚划算、农村淘宝等平台开展了"10·17 线上助贫专项活动""11·11 网络购物狂欢节活动""11·18 赣南脐橙节活动""2016 年货节"等系列助贫活动,帮助贫困地区线上销售农特产品,取得了良好的经济和社会效应。

（七）电商消贫帮扶特殊人群

阿里巴巴很早就开始尝试用电商的手段来帮助少数民族、农村留守群体、伤残人群弱势群体,同时平台共享出的协同与服务,也使得更多有情怀的网商、服务商得以加入到这场消贫实践中来,弱势贫困群体借助电商的手段,得以自立自强,脱贫致富。中国残疾人联合会《"互联网＋",让残疾人创业就业不再遥远》报告显示,截至 2015 年 6 月底,淘宝网上共有残疾人卖家 31.6 万人,实现销售 105 亿元。最新数据显示,淘宝网上残疾人卖家已经突破 45 万人,销售额超 120 亿元。

中国对农村电商的探索对很多发展中国家具有借鉴意义。因为无论是农民生活水平、农业生产方式,还是农村基础设施等,这些国家与中国都有相似之处。中国农村电商的成功经验均可能复制推广,授人以渔,而后共同营造渔场,最终实现经济发展和民众富裕。

第四节 智慧农业

一、"智慧农业"的布局

什么是智慧农业?所谓与现代紧密结合的"智慧",无非是指现代信息技术成果,具体来说有物联网技术、音频技术、无线通信技术等。具体放到农业上,是指专家通过可视化远程技术对农业生产的各个环节进行监控和操作,对于可能出现的灾害以及其他紧急情况做出及时乃至提前的应对措施,利用此类先进技术从根本上解决粮食安全和食品安全两大基本问题。

就目前的情况来看,投资农业板块还是一个新领域,因此了解农业产业链上的某些公司是如何与互联网进行融合的,对于未来投资方向的把握有很大参考价值。

就肥料生产这一环节来说,最具代表性的莫过于芭田股份。该公司收购了金禾天成 20% 的股权参与到了农业信息化的领域,使传统的复合肥向农资综合服务平台转变。金禾天成此前已经积累了大量的种植业生产大数据,在此基础上,对数据进行分析建模,类比建立了一个完整的信息分析处理系统,经过大规模的数据收集后而逐渐摆脱这一模式,朝着指导种植业生产实践方向转变。这一进步为我国"智慧农业"提供了最有价值的服务。

在农业 IT 服务领域,农村信息化是值得关注的点,神州行就由此出发,进一步完善"智慧城市＋智慧农村"布局。中农信达在农村信息化领域已经发展了十余年,有着十分丰富的经验和广阔的市场,实力和专业性极强。神州行收购了中农信达,希望借此机会尽快融入农地确权和农村信息化市场,使战略布局进一步扩大,产业链也更加完善。

二、智慧农业的关键技术

（一）理解农业电商与智慧农业之间的关系

农业电子商务是电子商务在农业领域中的应用，农业商务活动是核心；智慧农业是现代高科技在农业领域中的应用，现代农业活动是核心。由此可以理解：农业电子商务与智慧农业之间的共同之处在于都是基于现代高科技的农业活动，农业领域的商务活动是农业活动的一部分。智慧农业从狭义上理解主要是将现代高科技应用于农业生产活动，而从广义上理解则包括了所有农业活动。因此，农业电子商务与智慧农业之间的关系是：农业电子商务是广义智慧农业的组成部分，广义智慧农业包含了农业智慧生产、智慧流通、智慧销售、智慧管理等功能子系统。

（二）智慧农业的高科技让农业更加"智慧"

1. 智慧农业生产

农业物联网是智慧农业依托的主要高科技之一，在智慧农业中，物联网主要起到监控、监测、实时与视频监控功能。在生产环节，物联网主要是利用信息感知技术对温室与工厂的温度、湿度、水分、光照等参数进行调控，作物在每个生长阶段的情况都会被实时监测起来。

2. 农产品智慧流通

农产品智慧流通主要包括智慧仓储、智慧配货、智慧运输和流通安全溯源。将 RFID 技术应用到仓库的物流管理系统，无论是收货、入库、盘点都可以利用自动识别技术，这样一来就大大地节省了时间，提高了工作效率，各个流程之间可以实现无缝连接。通过 RFID 结合条码技术、二维码技术，为农产品及加工产品加贴 RFID 电子标签、对农产品的流通进行编码，实现农产品的安全溯源。利用物联网技术"网络化"发展战略，建立批发市场信息数据库和集团协同管理信息平台，用来收集、储存、传输与整合客户信息、业务信息、交易信息、市场管理信息等，最终实现客户数据、业务数据的有效性、可靠性、整体性，通过信息流带动物流、商流，协同管控，同时，采用 RFID、传感器、GPS 等高新技术实现智慧配货、智慧运输。

3. 农产品智慧销售

农产品智慧销售是指农产品从预订、生产到物流配送的各个环节都在客户的掌握之中,能实现全程跟踪。主要包括:①产品预订。各生产地,通过物联网技术中的条码技术、二维码技术进行农产品的产地和出货状况的管理,并将农产品信息发布上网。农产品电商平台用户通过注册会员的形式,实现农产品自由集约订购。②有机生产。③安全监控。为了保证消费者的合法权益,让消费者放心,产品从生产到流通会被全程监控。

4. 农业智慧管理

农业智慧管理包括智慧预警、智慧调度、智慧指挥、智慧控制等。利用物联网技术中的 GIS,可以建立土地及水资源管理、土壤数据、自然条件、生产条件、作物苗情、病虫草害发生、发展趋势的空间信息数据库和进行空间信息的地理统计处理,实现智慧预警。利用专家系统(简称 ES),依靠农业专家多年积累的知识和经验,对需要解决的农业问题进行解答、解释或判断,提出决策建议,实现智慧指挥。利用农业决策支持系统(简称 DSS)可以实现作物栽培、饲料配方优化设计、大型养殖场管理、农业节水灌溉优化等方面的智慧调度。智能控制技术(称 ICT),包括模糊控制、神经网络控制以及综合智能控制技术,主要用来解决复杂系统的控制问题。通过这些技术可以实现规模化的基地种植、设施园艺、畜禽养殖以及水产养殖中的智慧控制。

第五章 数字经济下的工业转型升级

制造业是一国启动工业化、融入全球化、实现经济高速增长的主要产业。在工业化后期,制造业结构升级、制造业与生产性服务业融合发展是实现经济转型的重要方向。改革开放以来,中国制造业取得了快速发展,在承接全球产业转移的同时,逐渐成为世界制造大国。随着全球制造业格局的演变,劳动力成本上升,能源供给短缺,环境承载压力逐步加强,种种困境迫使中国制造业的发展理念和发展模式要有所改变,我国制造业转型升级迫在眉睫。

当前,中国制造业的转型升级依然面临着复杂的内外部环境,未来发展将会遇到更多风险和挑战,要想在数字经济时代克服这些困难,顺利实现"新制造",完成制造业由大变强的历史跨越,必须对中国制造业转型升级的现状、主要困境以及未来转型方向有正确的认识。

第一节 产能过剩与工业转型升级

2012年以来,受国际金融危机的影响,我国经济增长遭遇外需锐减和内需不振的双重压力,钢铁、煤炭、水泥、电解铝、平板玻璃、造船等一些行业出现了产能过剩,工业品出厂价格指数出现连续回落。面向经济发展新常态,要实现中国经济提质增效升级目标,前提是要打好化解产能过剩的攻坚战。

一、经济新常态下的产能过剩问题及相关行业的出路

产能过剩是指一国制造业部门因产能利用率偏低而引起的产品价格大幅回落、企业普遍亏损、短期难以调整的一种经济现象。改革开放以来,我国出现过三次比较严重的产能过剩。

（一）产能过剩的影响及特征

那么如何判断产能过剩呢? 根据国际通用标准,工业产能利用率在79%～90%时属正常的产能过剩,当其降为78%甚至更低时即为较严重的

产能过剩。按照此标准,我国很多行业存在严重的产能过剩。从国内权威部门公布的数据看,我国产能过剩涉及的行业和领域,既包括钢铁、水泥等传统行业,也包括多晶硅、风电设备等新兴产业,呈现出多行业同步过剩的新特点。

产能过剩又有何不良影响呢？产能过剩一直是困扰我国经济健康发展的痼疾。其导致的一个直接后果,就是不少行业亏损扩大,企业经营困难。另外,随着我国经济进入新常态,产能过剩在形成机理、表现形式及影响的广度和深度方面都出现了一些不同于以往的新特征,这又进一步加剧了当前及未来几年化解过剩产能工作的艰巨性。除此之外,从供需匹配的角度来看,需求增长与需求结构变化之间原本的平衡,会由于需求增速的快速放缓,导致需求结构的急剧变动,从而导致较为严重的结构性产能过剩,其程度更深,影响更大,且在很长一段时间内更加难以有效化解。

我国经济进入新常态以后,结构性产能过剩将会在一段时间内存在,首先,随着要素成本的不断上升及其他环境的恶化,实际投资增速将快速下降,一些传统重工业产品如钢铁、建筑材料、普通机床等需求增速放缓,需求峰值早已达到最大化,不会再有大幅度的上升,这导致这些行业将在未来很长一段时间内面临严峻的产能过剩态势;其次,社会快速发展,人们生活水平有很大提高,消费结构尤其是中高收入人群的消费结构快速升级,现有绝大部分商品消费需求饱和且供给过剩,而一些高端的个性化消费需求却无法得到很好的满足,这导致在消费品市场出现较为严重的结构性过剩;此外,随着要素成本的不断上升,中国的低成本优势正在逐渐散失,传统出口产品在国际市场上并未表现出过大优势,制造业将面临长期产能过剩的压力。

产能过剩行业表现出怎样的特征呢？

第一,产能过剩行业呈现典型的"高投入、高消耗、高污染、高速度"与"低产出、低效率、低效益、低科技含量"并存的现状,可总结为"四高四低"特征。这显然不利于经济增长质量和效益的持续提升,对土地、资源、环境的承载压力也是巨大的。

第二,产能过剩行业出现很大的亏损,导致许多企业既无力进行创新型投资,也无力转产谋求生存。这显然会拖延传统行业转型升级的进程,尤其是一些新兴行业过快出现产能过剩,这对社会投资信心也会造成极大的打击,导致经济增长动力与后劲不足。

第三,产能过剩行业无法及时卖出产品,占用资金,导致企业的再生产不得不依靠借贷来支撑,这必然会累积债务风险。产能过剩企业在扩大债务规模的同时,显然会让债权人等相关问题随之变得更为复杂,企业整体的经济风险提升。

第四,产能过剩还可能会给社会稳定带来严重影响。解决产能过剩必然要实施去产能化,这就会导致一些企业的关闭、重组,很多人会因此失去工作。尤其是在过剩行业企业较为集中的地区,区域性社会不稳定因素更是大大增加。

(二)产能过剩行业的根本出路——转型升级

我国长期实施需求端刺激政策,特别是以基础设施、房地产等领域固定资产投资为经济增长引擎,推动了钢铁、有色金属、水泥、造船等重化工行业产能的迅速扩张,由此派生出消费需求不足、政府债务规模扩大、扩大投资规模在融资上不可持续等问题,造成产能过剩,进而必然对经济增长方式的转变造成较大掣肘。

从现实来看,还是主要通过目标分解、行政问责方式来推动各地削减产能,通过市场化和法制化的方式来化解过剩产能仍面临诸多障碍。当前,化解过剩产能主要面临以下四个方面的问题与挑战:

第一,化解过剩产能的市场机制严重受阻。

第二,化解过剩产能的金融和法律途径严重受阻。

第三,兼并重组难以担当"去产能"的重任且面临诸多困难。

第四,坚持以供给侧结构性改革推进"去产能"。

目前,产能过剩已经成为中国工业转型升级的最主要掣肘和风险点之一。主要表现在如下方面:

第一,产能过剩行业占据了大量优质资源,限制了其他行业企业特别是新经济企业的生长空间,在一定程度上影响了工业转型升级的进程。

第二,产能过剩行业的经济效益持续恶化,不断积聚潜在金融风险,这种风险一旦爆发将会给转型行业企业的商业和金融生态造成连环影响。

第三,产能过剩由于超低成本进入,企业未曾摆脱原有市场领域,无法实现从低端环节向高端环节的延伸等原因而屡禁不止。

无论是高端还是低端环节都会存在产能过剩、恶性竞争的状态,这对于企业而言都会造成经济效益的不断恶化,而这种恶化反过来又会继续削弱企业转型升级的能力,最终使得产能过剩的行业在产能过剩的泥沼中不断深陷其中。可见,对于现阶段的中国工业,治理产能过剩问题一方面要注重提升企业的技术能力,另一方面要注重实现企业面向市场的根本转变,产能过剩行业的根本出路是进行行业的转型升级。为此,可以从以下几个方面着手努力。

第一,注重企业转型:将市场由政府投资转向消费。政府建设项目投资所需工业品技术水平低,而与消费需求密切相关的产品技术具有精益求精的特质。以螺丝钉为例,中国有数目庞大的螺丝钉制造商,其质量参差不齐,许多企业为了降低成本,选用劣质原材料、加工工艺粗糙、重金属严重超标,恶性竞争的结果就是国产螺丝钉质量差,要找到一家通过国际环保标准和质量标准的厂商并不容易。精密螺丝钉严重依赖进口,给我国医疗产品、手机、工业机器人等精密产品的出口带来成本压力。想要解决低质量零部件泛滥的问题,就要确保产业链上每个环节的高质量,企业在选材上面临很大的挑战。因此,解决中国制造质量之痛,出路就在于将企业的市场定位由政府大基建订单转向消费者的精细消费。当今时代,消费不断升级,消费者对消费品的要求越来越高,要求也更加精密,以前那种面向宽泛的基建工程、建筑材料设备的低质量路子很难再走通,企业要想生存,就必须去适应当今的新需求,唯有如此,中国制造业品质才能获得新生。

第二,通过改善营商环境、激活微观机制,促进工业转型升级。当前工业经济增长面临的核心问题是微观机制不活,尤其是在一些国有企业,产能过剩的问题尤为严重。导致这一问题的根本原因在于,预算软约束的体制机制障碍,国家目前推行混合所有制改革等方式以求增强国有企业活力,但是由于民营投资普遍对混合所有制改革持怀疑态度,导致其推行效果并不理想。国有企业改革还有一段很长的路要走,这必然就在整体上拖累整个工业转型升级的进程。在"去产能"的关键时期,一些企业一定要坚决进行破产、重组,彻底从不具市场竞争能力的产业领域中抽离出来,为自己寻找一条更好的出路。此外,对于一些中小企业而言,其微观机制不活的主要原因在于市场与成本等的多重挤压,企业在承担多种压力的同时税收就成了一项很大的压力,最终导致实体经营的困难。再加上房地产、金融等"短平快"赚钱模式的诱惑,更多的企业家被吸引过去,而专注于做实业的意愿降低。为此,国家应从宏观上出台一些经济政策挤出房地产和金融泡沫,同时还要考虑减免一些制造业和新经济企业的税收,这样能够更好地促进实业的发展,使工业尽早转型升级和提升自我"造血"功能,从而增强企业活力、激活机制。

第三,完善破产制度,疏通过剩产能退出机制。破产是市场竞争的必然产物,是低效率企业退出市场的最为重要的渠道。完善企业破产制度,能够在一定程度上化解过剩产能,将一部分低效率企业和落后产能清除出去,同时还可以对企业的投资行为形成一定的约束。完善破产制度可以通过以下方面进行:强化出资人的破产清算责任;增强破产程序的司法属性;避免地方政府对一些涉及面广、涉及金额大、有重大影响的破产案件的债权债务的司法程序的干预;优化破产程序、完善破产管理人的相关规定;适时修改相关法律法规;建立辅助退出机制,做好政策托底工作。另外还要注意,对于产能过剩行业集中的地区,中央政府还应给予一定财政支持,对失业职工的安置与再就业问题予以重视,对于一些落后地区,如有必要,还可以提供特别的税收优惠政策,支持这些地区发展经济。

二、工业转型升级的关键

当前,要推动工业效率的持续提升,加快工业转型升级的步伐,首先需要处理好市场与政府的关系。政府必须提供完善的市场经济制度体系,建立公平竞争的市场环境,让市场机制在资源配置、激励创新、促进效率提升中充分发挥其决定性作用,并在尊重市场机制及市场主体意愿的基础上积极作为,为市场主体提升效率的创新活动、创新主体之间的协调与合作创造良好的外部环境,从而实现"市场在资源配置中起决定性作用"与"更好发挥政府作用"的高度统一。

(一)完善市场体制机制,促进企业创新和效率提升

完善的市场经济体制是促进创新和推动效率提升最为有效的制度安排。具体而言,可以从以下几方面着手:基本法律及其执行机制不健全很容易导致诸多问题,为此一定要注意加快建设与完善市场法制体系;加快要素市场、土地制度以及水资源、矿产资源、能源价格形成机制的市场化改革;完善知识产权保护相关法律体系及其执行机制,应修改职务发明相关法律规定;加快税收体制改革,特别是理顺中央与地方之间的利益分配机制。

(二)完善环境保护体制,为企业发展营造良好氛围

完善环境保护体制,可以从以下几方面着手:提高公众主体意识、权利意识、法律意识,完善环境保护公众参与制度的法律设计;完善公众参与环境保护的途径和方式,支持环保团体发展;完善环境公益诉讼制度;加快环境保护的执法机制改革,尤其是要加强对一些高能耗、高污染物排放行业的环境监管力度。

(三)营造良好外部环境,推进企业技术创新和发展

良好的外部环境有利于推进产业技术的发展速度,推动工业效率提升。具体而言,营造良好外部环境可以从以下几方面着手:在财政上加大对研究开发的投入力度、指定相关措施提高科技投入的产出效率;加强国

家科技公共服务平台建设,为有需要的企业提供更多的信息咨询、技术咨询与技术服务;鼓励和支持国家重点实验室的开放运行,推进科研数据的共享,完善公共科研数据的管理机制;继续现有的税收优惠政策,对相关行业企业提供税收减免等支持力度。

（四）建立公平竞争的市场环境,迫使企业效率提升

公平的市场竞争能通过优胜劣汰机制不断改进市场的配置效率,并迫使企业不断创新与提升效率。建立公平竞争的市场环境,可以从以下几方面着手:调整产业政策取向,改变"扶大限小"的产业政策模式,推行"放松管制与维护公平竞争"的政策环境;鼓励各类企业公平进入市场,放松并逐渐取消不必要的审批,降低门槛;制定完善的公平竞争法,切实保障各企业的利益,加大可诉范围,让不同所有制企业在税负、社会责任要求方面能得到同等对待;消除政策、资源等方面给一些行业或领域造成的隐性市场进入壁垒。

（五）创造良好的金融环境,提升工业与转型升级效率

对于企业而言,完善的金融市场更有利于其有效地配置资本,从而提升工业资本的配置效率与全要素生产率。具体而言,创造良好的金融环境可以从以下几方面着手:

第一,积极、稳妥地推动利率市场化进程,开展全方位的金融体制改革,一方面能够从根本上抑制低效率的粗放型投资,提高资金的使用效率;另一方面还有利于形成倒逼机制,迫使工业企业提高自身的生产效率和经营绩效。

第二,加强金融监管,但同时要注意消除不必要的审批和准入管制,建立起一个多层次、多元化、市场化的金融体系。

第三,建立包含交易所、全国性股权转让市场、区域性场外市场及券商柜台场外市场等多个层次的资本市场,支持新兴产业的技术创新活动和产业化进程。

（六）加快推动工业企业节能减排,大力支持企业转型

加快推动工业企业节能减排,也能在一定程度上加快企业转型。具体而言,可以从以下几方面着手:

第一,以财政支持的方式鼓励节能减排技术公共研发机构和试验平台建设,对合作研发节能减排等技术的企业与科研机构给予一定的税收优惠和财政补贴,从多个角度加大节能减排技术研发与应用的支持力度,有效

推动节能减排技术成果产业化的进程。

第二,研究制定有针对性、差异化的节能减排政策,这又包括区域工业节能减排差异化政策、工业行业节能减排差异化政策、工业企业节能减排差异化政策等。

(七)建立多层次的人才培养体系,为企业输送人才

职业技术院校应当与相关企业建立紧密合作关系,培养一批高素质技能型技术工人。例如,由政府统筹规划,从财政上和制度上对学校与企业在人才的培养上提供支持,鼓励企业建立产业工人终身学习机制;各类教育机构要充分发挥自己的优势,最大限度地利用各类教育资源,进行资源共享和人才的培养;教育机构、企事业单位等应紧密合作开发一些对社会有实用价值的课程,为人才提供实践与理论的结合、工作与学习的结合。

第二节 我国制造业成本的现状

近年来,我国经济长期赖以发展的生产要素低成本的情形发生了根本性的变化。各项生产成本的提高使我国制造业低成本优势逐步弱化。近年来,我国制造业综合成本居高不下,如国家统计局数据显示,规模以上工业企业每百元主营业务收入中的成本约为 85.85 元,高成本摊薄了企业利润,降低了工业品竞争优势。2015 年 12 月的中央经济工作会议经济新常态提出了供给侧结构性改革的新战略,并从我国经济发展的阶段性特征出发,形成了"三去一降一补"经济工作部署。党的十九大报告再次提出降成本的要求。因此,未来一段时期内,产业转型升级的一个重点任务就是,积极探索降低制造业生产成本的新空间,减轻企业负担,激发微观市场活力。

一、劳动力成本

改革开放以来,我国凭借低廉丰富的劳动力资源,促进了劳动密集型产业的快速发展,工业品价格在国际上取得了一定的竞争优势。很长一段时期,我国制造业的成本优势主要体现在劳动力的低成本上。而近些年来,随着原材料、能源等价格的不断涨价,倒逼劳动力成本快速上涨。

制造业劳动力成本中,劳动者的劳动报酬占绝大部分比重。随着我国经济的不断发展,工资上调是必然的趋势。此外,我国社会保障缴费比例较高,《纽约时报》曾指出,"在中国的工资收入成本中,社会保障费用占到

40％,这在世界上绝无仅有"。未来这将被控制在合理范围之内。随着社会平均工资的稳步增长,社保缴费基数也在不断调整,基本上是随着工资的增长而不断提高。

另外,劳动人口的减少对劳动成本具有负面影响。人口老龄化进程的加快使得我国的"人口红利"正在逐步消失。预计在今后相当长一段时期内,我国劳动力成本的上涨趋势将不可避免。

二、税费成本

当前,我国企业需要缴纳各类税费。其中,制造业增值税大部分企业的税率为17％,部分企业的税率为13％。从企业所得税来看,一般企业所得税税率为25％,高新技术企业的税率为15％,对于符合条件的小微企业,企业所得税税率为20％。除需支付相关税收外,企业实际上还需支付大量其他费用,目前主要有三类:一是政府性基金,如铁路建设基金、城市基础设施配套费、教育费附加、残疾人就业保障金等,目前,这一类型基金已经减少至20多项。二是行政事业性收费,收费主体既有国家机关,也有事业单位或者代行政府职能的社会团体。三是经营服务性收费,目前,政府定价的收费主要有六项,如民用机场、渔港收费、银行卡刷卡手续费等。地方也有经营服务项目。为了减轻企业的负担,近年来,国家出台了一系列减税措施及税收优惠政策。

企业税费负担过重,其中最重要的一个原因就是对企业乱收费的情况较为严重。在经济下行压力较大的情况下,企业对于一些费用的支出非常敏感,企业生存压力增大。对此,我国也出台了一些相关规定取消乱收费,但实际执行中仍存在诸多问题。

当前,许多政策落实不到位,卡在"最后一公里",实际增加了企业的成本。我国全面实施"营改增",但是因为有些企业管理水平较低,抵扣链条不完整,无法充分抵扣。税费、评估、检测等制度性交易成本给企业带来巨大压力。

三、能源原材料成本

我国资源短缺,能源、资源约束日益趋紧,能源利用效率低下,生态环境压力不断加大。从原材料价格来看,随着经济快速发展,我国原材料价格快速上涨,企业原料成本不断上升。当前,我国能源价格在经历了高位运行之后也面临着下行压力。

国内能源供求关系和国际能源市场对我国能源价格走势具有决定性

作用。从电价来看,我国许多地区都实行了阶梯电价,不同地区、企业规模不同、不同时段电价存在一定的差异。从总体上看,多数地区的工业用电价格不超过1元/度。我国实施的是煤电价格联动机制,随着煤价下降,国家也多次对电价进行了调整。

工业用天然气的价格方面,我国天然气价格也在逐渐调整。但是由于管道、地理位置等因素,各地区的天然气价格存在一定的差异。为此,国家发展和改革委员会要求各地方政府要全面梳理天然气各环节价格,"摸清家底",重点降低过高的省份管道运输价格和配气价格,减少供气中间环节,取消不合理收费,同时建立健全监管长效机制。在该政策指引下,各地纷纷出台配套政策,主动降低终端用气价格。但仍有地方天然气的价格控制不到位。

四、融资成本

融资成本是资金所有权与资金使用权分离的产物。随着金融市场化的深入,我国企业的融资渠道不断拓宽,企业可以通过银行、信托公司、股市、P2P、私募基金、互联网金融等渠道进行融资。其中,企业债券、股票融资等对企业资质要求较高。目前,我国企业直接融资的规模不断扩大。银行借贷的非利息成本,如担保成本等是融资成本的主要组成部分。当前,我国企业尤其是中小企业的融资难、融资贵问题依然十分突出。这无形中也增加了企业的财务成本。

五、土地成本

一般而言,土地成本主要包括土地取得费、土地开发费、相关税费等,具体来看主要包括土地出让金、土地占用和使用相关税金、行政事业性收费和自行开发的投入等。行政管理类的费用主要包括征地管理费、土地出让业务费、地籍测绘、注册登记等。

总体来看,当前我国土地资源稀缺,工业用地价格不断攀升。改革开放以来,我国工业化进程不断加快,制造业发展迅速,对建设用地的需求增加。不同区域土地价格差异显著,东、中、西部存在明显梯度递减。

从工业用地供应情况来看,随着我国工业化进程的不断推进,工业发展对土地的需求呈现出逐步上升的趋势,新兴产业、新业态不断涌现,对土地的需求进一步增加,工业用地规模仍将不断扩张。东部沿海地区的工业用地矛盾突出,工业用地指标趋紧。中西部地区承接产业转移使工业用地规模保持较高增速。

工业用地管理仍需进一步改善。土地在出让之后,使用权发生了转移,政府对出让期内的工业用地难以进行有效处置,而且工业用地监管需要多部门协调合作,对土地监管造成困难,结果导致大量土地使用效率低下,投资强度、容积率、建筑密度等指标不达标,甚至有些土地闲置。

六、物流成本

物流成本是指物流活动中所消耗的物化劳动和活劳动的货币表现。对于制造企业来说,企业物流包括采购物流、生产物流、销售物流、回收物流等部分,贯穿于企业生产经营活动的始终。如今,我国的公路、水路等交通基础设施不断完善,物流迅速,物流体系不断完善。同时,为促进实体经济发展,降低企业负担的物流成本,我国采取了多种措施。近年来,我国物流成本整体上呈下降趋势。即便如此,相对而言,我国物流费用水平仍然较高,尤其是煤炭、非金属矿物制品业等行业的物流费用水平仍然偏高。

总之,我国经济增长所依赖的低成本优势已经发生了根本性的改变。我国企业负担繁重将影响企业竞争力的提升。"降低成本"是我国供给侧结构性改革的一项重大任务,我国采取了一系列的措施降低实体经济的成本。在政策的作用下,降成本的成效开始显现。

第三节　要素成本上涨对我国制造业的影响

随着我国经济的发展,我国劳动力、土地等要素成本的上升是必然的趋势,虽然对于企业来说,可以实现优胜劣汰,许多企业难以为继而被淘汰,会对我国产业转型升级形成倒逼,但是对我国制造业也会产生许多不利影响。

一、我国制造业面临"双向挤压"

当前我国制造业转型升级处于关键时期。发达国家高端制造回流与中低端制造向中低收入国家转移,我国制造业面临"双向挤压"的挑战。残酷的竞争对国内传统制造业造成较大的影响。"双向"主要表现在如下方面。

其一,发达国家"高端回流"的挤压。

国际金融危机后,发达国家纷纷确立"再工业化"战略,以期重塑制造业竞争优势。如美国发布《先进制造业伙伴计划》《先进制造业国家战略计划》等措施,德国提出"工业4.0"战略,英国发布《英国制造2050》等。

发达国家出台优惠措施吸引本国中高端制造业回流,同时也吸引包括中国在内其他国家的海外投资。而我国制造业成本不断上升,使得在我国境内的部分国外中高端制造业搬回本土,如苹果、松下 TDK 等企业将部分生产线从中国转移至本国。

其二,发展中国家"中低端分流"的挤压。

东南亚部分国家依靠低成本比较优势,积极承接劳动密集型制造业转移,中低端制造业迅速崛起。

二、制造业产品的国际价格优势被削弱

要素成本上涨势必会导致价格的变化,而价格和产品质量(品牌)直接决定着一个国家制造业的竞争力,因此,制造业产品的国际价格优势也注定被削弱。

制造业成本的上涨,将显著提高工业品的综合成本,尤其是对于劳动密集程度较高的行业而言,劳动力成本对工业品价格有着很大程度的影响。虽然说劳动生产率的提高可以化解部分成本压力,但我国制造业劳动生产率的提高幅度滞后于工资的增长幅度。这就使得我国制造业的低成本竞争优势将逐渐丧失,相应的,产品在国际市场上所表现出的低价优势也会被逐渐弱化。近年来,国内纺织、服装、玩具等传统劳动密集型出口行业部分市场份额下降的事实已经验证了这一趋势。

三、国内制造业可能面临空心化危机

目前,由于中国人口结构的变化和劳动力人口的减少,中国东南沿海地区经常出现劳动力短缺,导致一些企业无法进行正常的生产活动。目前,全球经济仍充满不确定性,中国经济发展已经进入了一个新常态,国内外市场的有效需求不足,很多传统行业已经进入了一个时期的经济衰退,许多劳动密集型企业存在操作困难,企业的成本上升导致关闭,尤其是中小企业。如东莞多家玩具厂、服装厂、印刷厂倒闭。与此同时,我国产业尚未完成转型升级,新功能尚未培育,新旧产业不连续。此外,由于成本问题,许多外资企业已经回到中国的高端部分生产环节和低端部分低成本国家,如苹果公司已经部分的生产基地从中国回到美国,许多国内企业在国外建立工厂。因此,中国制造业容易"空心化",导致国内经济快速下滑。

第四节　我国信息产业与制造业融合的绩效分析——以河北省为例

目前,信息在全球范围内得到推动,信息产业作为新兴产业正在蓬勃发展,信息产业已经成为衡量一个国家和地区经济发展水平和竞争力的重要指标。2014年,我国电子信息产业规模以上企业已超过5万家,信息产业发展迅速。2015年以来,中国政府提出"互联网＋"行动计划,推动云计算、物联网、大数据等移动互联网与制造业相结合,信息产业正以前所未有的速度渗透到制造业的各个方面。但在实践中,我国各省资源禀赋、工业基础是不同的,所以省级工业融合的程度和工业趋同造成的经济影响也不同,因此,分析估计我国产业融合的程度,探索工业收敛性能特征的影响和未来发展道路,对深化信息产业与制造业融合,提升制造业经济效益,促进产业结构优化升级发挥重要作用。

党的十九大报告指出,要加快建设制造强国,加快发展先进制造业,推动互联网、大数据、人工智能和实体经济深度融合。加速科学技术产业与制造业融合是深化供给侧结构性改革的重要举措,也是建设制造强国的必由之路。

河北省是京津冀协同发展战略的重要组成部分,而装备制造业又是河北省的支柱产业,其发展直接影响着河北省的经济发展,研究河北省制造业与科技产业、信息产业的融合现状,对河北省加快建设装备制造业强省具有重要意义。为此,我们在本节利用投入产出方法,选择河北省和全国装备制造业与科技产业、信息产业融合现状进行对比研究,可以从实证的角度明确河北省装备制造业与科技产业、信息产业融合发展现状以及发展趋势,发现装备制造业的优势及存在的不足,为装备制造业与科技产业、信息产业融合继续推进提出相应的对策建议。

这里以《河北省2012年投入产出表》数据为基础,分析河北省装备制造业与科技产业、信息产业融合的现状,并通过与全国平均水平进行对比,分析河北省装备制造业与科技产业、信息产业之间融合发展情况存在的优势与不足,进而提出相应对策。

第一步,影响力系数与感应度系数分析。

首先,根据获得数据计算出直接消耗系数结果,如表5-1所示。

表 5-1　装备制造业与科技产业、信息产业间直接消耗系数

产业	装备制造业		信息产业		科技产业	
	全国	河北	全国	河北	全国	河北
装备制造业	0.4066	0.2332	0.1600	0.1356	0.1795	0.3144
信息产业	0.0027	0.0010	0.1237	0.1009	0.0046	0.0015
科技产业	0.0134	0.0027	0.0142	0.0008	0.1272	0.0350

其次,进一步计算全国与河北省的影响力系数和感应度系数,结果如表 5-2 所示。

表 5-2　各产业影响力系数与感应度系数表

产业	影响力系数		感应度系数	
	全国	河北	全国	河北
装备制造业	1.3219	1.2878	1.1069	0.9145
信息产业	0.8982	0.8564	0.4302	0.4224
科技产业	1.0324	1.0292	0.4611	0.4043

根据计算结果发现:在装备制造业、信息产业、科技产业的影响力系数及感应度系数方面,河北省均低于全国平均水平。影响力系数:全国与河北省的装备制造业的影响力系数大于1,说明我国的装备制造业后向关联性较强,对社会平均发展有促进作用;信息产业影响力系数小于1,说明我国的信息产业发展无法起到促进社会平均发展的作用。科技产业的影响力系数大于1,说明我国的科技产业发展对社会平均发展有促进作用。从感应度系数方面分析:全国装备制造业的感应度系数大于1,河北省装备制造业的感应度系数小于1,说明河北省装备制造业的前向关联性较弱,对河北省其他产业不足以起到支撑与拉动作用;信息产业的感应度系数均小于1,说明当年全国与河北省的信息产业发展不足以支撑其他产业的生产发展;科技产业的感应度系数也小于1,说明当年全国与河北省科技产业水平还处于较低水平,科技产业还未发挥其扩散作用。

接下来进一步对其细分产业展开计算,如表 5-3 所示。影响力系数:全国与河北省装备制造业各个细分产业的影响力系数均大于1,说明全国与河北省装备制造业各个细分产业的后向关联性较强,对装备制造业发展有促进作用,而信息产业与科技产业的影响力系数均小于1,说明其对社会平均发展有减退作用。感应度系数:全国装备制造业、信息产业、科技产业的

细分产业中除了通信设备、计算机和其他电子设备的数值大于1,其余产业均小于1,而河北省所有产业感应度系数均小于1,说明当年全国与河北省装备制造业、信息产业、科技产业的前向关联水平较低,对其他产业不足以起到支撑与拉动作用。

表 5-3   细分产业影响力系数与感应度系数表

产业	影响力系数		感应度系数	
	全国	河北	全国	河北
金属制品	1.1789	1.2514	0.6617	0.8284
通用设备	1.1894	1.2197	0.6791	0.5332
专用设备	1.1802	1.1628	0.4531	0.4154
交通运输设备	1.2064	1.1929	0.6282	0.4407
电气机械和器材	1.2382	1.3080	0.7486	0.6644
通信设备、计算机和其他电子设备	1.3020	1.2003	1.2373	0.8422
仪器仪表	1.1946	1.1660	0.4402	0.3907
金属制品、机械和设备修理服务	1.1921	1.0304	0.3330	0.3918
信息传输、软件和信息技术服务	0.8369	0.8128	0.4348	0.4204
科学研究和技术服务	0.9547	0.9719	0.5253	0.4056

第二步,融合度系数分析。利用融合度系数计算公式对河北省装备制造业的各个细分产业与信息产业、科技产业融合情况进行分析可得表5-4结果。

表 5-4   河北省装备制造业细分产业与科技产业信息产业融合度系数

产业	信息传输、软件和信息技术服务	科学研究和技术服务
金属制品	1.1994	1.3127
通用设备	0.9462	1.0130
专用设备	0.8265	0.8754
交通运输设备	0.8597	0.9122
电气机械和器材	1.0900	1.1764
通信设备、计算机和其他电子设备	1.1892	1.3055
仪器仪表	0.8077	0.8527
金属制品、机械和设备修理服务	0.7517	0.7988

根据上述结果可以发现,金属制品、通信设备、计算机和其他电子设备业与信息产业、科技产业的融合程度较好,这两个产业的现代化程度较高,而装备制造业中现代化程度最低的产业是金属制品、机械和设备修理服务业。

综合上述分析,可进一步总结出河北省在装备制造业与信息产业、科技产业融合上存在的问题:

第一,河北省装备制造业与信息产业、科技产业之间产品、资源等生产要素互相进入对方部门经济活动的过程与全国平均水平相比还存在一定差距,河北省未来在装备制造业与信息产业、科技产业的融合生产上仍需进一步提高。

第二,河北省装备制造业具有强辐射、弱制约作用,对国民经济的拉动作用大,支撑作用小;信息产业具有弱辐射、弱制约作用,对国民经济拉动、支撑作用都比较小;科技产业具有强辐射、低制约作用,对国民经济的拉动作用大,支撑作用小。而且河北省装备制造业各细分产业间差距明显,亟待进一步融合。

对此,可以针对河北省装备制造业与信息产业、科技产业融合状况存在的问题提出以下几点建议:其一,要积极引导和加强三大产业融合发展。完善装备制造业、信息产业以及科技产业的发展规划,制定和落实相关产业政策,增强河北省装备制造业、信息产业和科技产业的竞争力以及经济贡献力。其二,要深化信息产业、科技产业的扩散作用,注重将云计算、大数据、物联网、互联网等先进信息技术引入装备制造业的生产和发展中,深度实施"互联网+科技服务业"。其三,政府还应进一步鼓励从事装备制造业生产工业企业研发创新信息、科技技术,增强企业创新意愿与动力,以提高科技、信息对装备制造业的拉动与支撑作用。

第五节　我国制造业转型升级面临的问题及机遇

制造业的发展水平是人类社会生产力发展水平的重要标志和引擎。制造业是国家经济发展的物质技术基础,是国家经济安全的重要保障,是国家综合竞争力的主要标志,是我国国力强盛的希望所在。中国制造业经过多年的发展,特别是经过几十年的建设和改革开放取得了长足的发展,已经建立起了全面而大规模的体系。

正是因为有了发展的基础,才有了许多"中国制造"在国际舞台上蓬勃发展的工业产品,既有中国制造业的实力表现,也体现了当代中国的生产力发展水平。

制造业是国民经济的支持行业。在国家发布的《促进产业结构调整暂行规定》中明确规定装备制造业应该充满活力，和先进制造业共同发展，发挥其在经济发展重要的支持作用。并指出，装备制造业依靠关键工程，通过自主创新、引进技术、联合开发、联合制造等方式，提高重大技术装备国产化水平，尤其是在高效清洁发电和电力传输和转换、大型石油化工、先进的运输设备、高档数控机床、自动化控制、先进的集成电路设备，电力设备，节能设备等领域的一个突破，提高研究和开发设计，形成一套完整的核心组件。

机械工业是制造业的核心，是国民经济的装备部门。机械工业的生产技术水平在很大程度上代表一个国家经济发展的技术水平，标志着自有装备国民经济的能力。

新中国成立以来，中国的机械行业从小到大，从修配到制造，从生产通用机械产品到高、精、尖的产品，从先进制造单台机器制造大型成套设备，逐步建立了一个相对完整的具有较大规模，技术水平、成套水平不断提高的连续完整的工业体系，为国民经济和国防建设提供了广泛的机械设备。目前，国内机械设备率已超过80%，初步已具备以机械动力为基础向机械世界动力的冲刺。我国机械工业正处于由大到强的关键时期。

一、我国制造业转型升级面临的挑战

我们应当面对目前我国还不是制造强国的事实。我国制造业转型升级面临的挑战主要体现在以下四个方面：

第一，世界经济发展变化对我国制造业提出更高的要求。当今世界经济发展趋势发生了变化，尤其是出现了智能化制造和数字化服务相结合的新的制造业发展模式。这些变化对我国开放型经济提出了新的更高要求，由于作为主导者的发达国家掌控着新一轮全球贸易规则制定的主导权，为此政府有关部门应一方面积极推动本土的全球跨国企业的发展，另一方面还要积极创造条件鼓励企业参与到全球贸易规则的制定中去。

第二，中国制造的成本升高，需要走自主创新之路。以前的中国制造业是向国外买技术然后再接订单进行生产，这注定要落后于人，只有走自主创新的路子才可能走到市场的前面。中国制造业如果一味依赖于国外的大企业、大品牌到中国设厂，那么这一切都会随着中国制造成本的升高而不复存在，培养更具创新能力的企业及更具有国际影响力的品牌是当务之急。

第三，发达国家提出"再工业化"，我国制造业优势在弱化。当前，我国仍处于工业化中期，要基本实现工业化，还需要长期艰苦的努力。发达国家提出"再工业化"无疑对我们是一个巨大的挑战。当然这也更加坚定了我们要转型升级的决心。另外,目前,我国的发展成本在上升,制造业的优势在弱化,这势必会导致跨国公司转移到东南亚等制造成本更低的国家,虽然我国所具备的优势还没有消失殆尽,但一定要借机在不可挽回之前进行彻底转型。

第四,新一轮制造业争夺战正在全球打响[①]。发达国家经历了"去工业化"之后,利用发展中国家相对低廉的劳动力和资源成本获取了巨大利益,得到了不少好处,但与此同时随着制造业对经济贡献的不断萎缩,也产生了失业率上升、贫富差距扩大等许多负面问题,"产业空心化"已然出现。在这种情形下,发达国家所提出的"再工业化",是对制造业的重振,是对制造业产业链的重构,从宏观来讲,更是制造业的升级和以发展新兴产业为核心的结构转型。发达国家的"再工业化"战略必然影响到全球产业尤其是制造业活动的空间分布,以及各国经济结构调整,从而引发新一轮制造业争夺战,像任何一次产业革命一样,新的制造业时代的到来,必须借助重大技术发明创造的翅膀。

二、我国制造业转型升级面临的机遇

当前,作为工业之主体,制造业正处于前所未有的重大变革中。全球正在由工业经济向数字经济转型过渡,制造业正在并将长期处于数字化转型发展的历史阶段,沿着数字化、网络化、智能化阶段不断跃升。中国可以抓住制造业向数字化转型变轨发展的重大机遇实现"换道超车"。数字经济时代,我国制造业转型升级面临的重大机遇主要表现为以下几点。

第一,我国已经具备了一定的制造业数字化转型的基础。过去十年来,我国将两化融合(即工业化与信息化融合)作为长期坚持的重要战略,工作不断深化,成效不断显现,对产业发展的提升作用日益显著,为制造业转型发展奠定了良好的数字化基础。信息技术在研发、生产、经营、管理等环节的渗透不断加深。截至 2018 年,全国进入两化融合集成提升与创新突破阶段的企业比例达 22.4%,企业数字化研发设计工具普及率和关键工序数控化率分别达到 67.4% 和 48.4%,关键业务环节全面信息化企业比例为 45.8%,同比增长 5.5 个百分点,工业电子商务普及率达到 58.8%,带动企业精准制造、柔性制造、敏捷制造能力大幅提升。国内自动控制与感知、工业软件、云平台、工业互联网等基础能力也得到提升。截至 2018 年,我

---

① 于建东."再工业化"指向重构转型[N].经济日报,2013—04—17.

国生产设备数字化率为 45.9％,MES、CAM、SCADA 等生产控制类软件普及度分别为 21.6％、21.0％、17.3％,企业云平台应用率为 43.5％。

第二,数字经济推动制造业产业融合成为经济发展新动能。以软件业、半导体业、通信业、虚拟技术计算机网络设备、电子及光学产品等为代表的数字经济基础产业的崛起促进了制造业产业价值链的升级,带来了技术变革新的机遇,大幅并全面地提升了制造业的全要素生产率,驱动着中国制造业由低端向中高端跃迁。

这主要体现在以下两方面:

一方面,基于数字产业化的优势网络产业与制造业融合促进了不同产业间产品或同产业间不同质产品的融合,模糊了传统产业的界限,打破了传统要素有限供给以及传统产业固有的局限发展模式。通过数字产业化将数据中的知识、信息与技术转化为生产要素,催生了一系列垂直产业,从而有力地带动了产业转型升级。

另一方面,产业数字化带来的生产部门产业融合解决了产品数量提升及生产效率优化等问题。将数字经济基础产业的先进技术与生产方式融合于传统制造业的生产、管理和运营过程中,极大地降低了企业在信息获取、资源匹配以及制度交易等方面的成本,提升了信息与数据的存储、流通与处理效率。通过数字技术进行互联网技术创新可以改善制造业的生产流水线与制造系统,规模性地缩短新产品的研发周期、降低新产品研发成本、提升产品质量,并快速地对市场做出反应,产业间融合呈现动态发展趋势,推动了传统产业结构的优化升级。

第三,数字创新驱动协同制造业形态转型发展。数字经济作为一种新的经济形态的出现,催生数字技术在各领域发挥着主导和催化作用。随着工业互联与物联网以及数字技术的应用,我国的制造业产业形态逐渐转向平台化、生态化、数字化、网络化、智能化、个性化与服务化的发展。许多国内企业已经由传统的劳动密集型产业开始转向资本密集型甚至是技术密集型产业,通过数字经济结合实体产业组织发展以提升企业间的生产协调水平。

以工业大数据为例,从不同角度分析它对制造业转型升级带来的机遇。

(1)促进设计协同化,构建新型研发模式。在消费端,用户深度参与产品的需求分析和产品设计等创新活动,促进实现定制化设计。在制造端,企业构建研发知识库,推进数字化图纸、标准零部件库等设计数据在内部及产业链上下游的资源共享,实现跨平台研发资源统筹管理和产业链协同设计能力提升。

(2)助推供应链优化,建立新型管理体系。在组织管理方面,企业运用工业大数据全面抓取自身资源信息,利用云端集成分析开展管理决策,实现从金字塔静态管理向扁平化动态管理转变。在供应链管理方面,企业通过将仓储、配送、销售等环节数据与市场需求、销售价格等数据整合,运用数据分析得到更好的决策来优化供应链。

(3)加速生产透明化,打造新型制造体系。在车间管理层面,通过采集温度、压力、热能、振动和噪声等数据,实现设备的预测性维护。在生产流程层面,通过设备、工艺、产线等环节数据汇聚整合,对产品制造全过程进行建模仿真,实现物理生产在数字空间的全面映射,反向指导生产流程的柔性化组建和自我优化。

(4)实现产品服务化,创造新型商业模式。工业大数据帮助企业不断创新产品和服务,发展新的商业模式。通过内嵌传感器和算法模型,帮助企业实时监测产品运行状态。

2020年5月13日,工信部发布《关于工业大数据发展的指导意见》,围绕进一步深化工业数据应用,从开展应用示范、提升平台支撑作用、打造应用生态等方面进行重点部署,为推进更大范围、更高水平、更深层次的工业数据应用创新指明了方向。

专家认为:"工业大数据的研究和实践要服务于加快制造业转型升级、提升工业竞争力;这个目标要落实到企业创新、设计、生产、经营、管理、决策的每一个具体环节;这个目标要落实到供应链全局优化、产业链和生态链的形成和优化的每一个具体环节;这个目标要落实到工业行业管理和宏观经济调控决策的每一个实际需求。"

工业大数据应用有助于推动制造业数字化转型,建构未来"工业智脑",深化工业大数据应用意义重大。在我国大力发展工业互联网、推进制造业与互联网深度融合、促进制造业高质量发展的当下,进一步挖掘工业数据应用价值必将成为关注焦点。

第六节 数字经济推动下的"新制造"

数字经济时代给制造业带来的变革,就是"新制造"将兴起。而数字经济是新实体经济,最突出的表现就是,数字经济所带来的新制造。

一、"新制造"的内涵

(一)对"新制造"的理解

"新制造"是指应用互联网、IoT(物联网)、云计算和大数据等新一代信息技术,以用户需求为出发点提供个性化、定制化的产品和服务的生产制造模式。通俗地讲,就是用"新的制造方式"生产"新的产品",提供"新的服务"。

所谓"新的制造方式",是指 IoT、移动互联网、机器人等技术配合精益管理方法实现智能制造、个性化定制和柔性化生产。例如,家具企业索菲亚通过引入德国豪迈柔性生产线,配合 3D 设计、条码应用技术、数据库等软件技术建设了亚洲最大的柔性化生产线,实现了订单自动拆解、自动开料、封边和装配。东莞的某小型服装厂企业,则主要通过精益生产、单元式生产、供应商协同等管理方式变革实现了小批量、多款式、快速生产的提升。

所谓"新的产品",即智能化的产品,是指新的智能化产品嵌入传感器等数据采集装置,不断采集用户使用信息、设备运行数据到云端,实现对用户行为和设备运行情况的管理。例如,阿里巴巴与上汽携手打造的互联网汽车——荣威 RX5,搭载了 Yun OS 操作系统并实时联网。用车过程中产生的驾驶行为、个人喜好、车况等其他数据,可以通过 4G 网络上传到云端,经算法优化再对用户进行相关推荐。汽车账号体系与支付宝账号打通,成为后者的一个新入口,其方式可以是汽车＋保险、汽车＋销售、汽车＋维修等。

所谓"新的服务",是指新的制造方式催生出研发、设计、软件服务等生产性服务;智能产品采集的数据,会形成数据服务,包括远程设备管理维护、用户数据服务等。

新制造是嵌套在整个 C2B 商业模式中的,与新零售是紧密联系在一起的。没有新零售就没有新制造。C2B 包括客户定义价值＋个性化营销＋拉动式配销体系＋柔性化制造四个部分(图 5-1)。

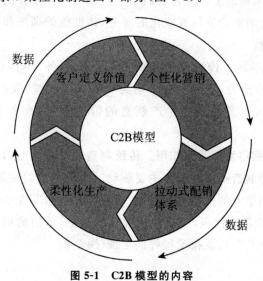

图 5-1　C2B 模型的内容

其中,新制造以客户驱动,数据全流程贯通,个性化定制、柔性化生产为主要特征。

(二)新制造与传统制造的区别

第一,商业模式不同。传统制造局限在 B2C(厂商主导)的模式之下,生产什么,生产多少,何时生产,都是由厂家决定的,追求的是标准化、规模化、低成本。而新制造是 C2B 模式的其中一环,生产什么,生产多少,何时生产,则全部由市场需求决定,追求的是个性化、高价值。新制造的生产体系能适应多品种、小批量、快速反应的生产要求。

第二,动力和目的不同。新制造的革命性在于:不再以制造端的生产力需求为起点,而是将用户端价值作为整个产业链的出发点,改变以往的工业价值链从出发提供定制化的产品和服务,并以此作为整个产业链的共同目标使整个产业链的各个环节实现协同优化。传统制造的目的是提高产能,新制造是致力于产销和谐。

第三,技术基础不一样。传统制造是第二次工业革命的产物,以公用电力为主要能源,以自动化设备的流水线生产为主要特征。新制造以 IoT 为主要技术基础,以数据为主要供给能源,以柔性化的智能制造为主要特征。以一支高尔夫球杆为例,如果我们在球杆中加入传感器,就能够记录下消费者的每一次挥杆的力度、击球的位置等。成千上万的数据汇聚在云端做深度分析,来帮助工厂改善它们的生产制造和开发新的产品;同时,我们可以针对这个消费者进行智能化的服务,帮助他的训练和纠正不好的使用习惯,提升球技。

第四,价值不同。传统制造和研发、营销、服务分离,位于价值链的低端。新制造将研发、营销和服务融为一体,通过生产服务化、产品智能化、服务数据化,大大提高了生产制造的价值含量,改变了微笑曲线的形状。

第五,大数据将发挥重要作用。传统制造业以公用电力和自动化设备为主要驱动。新制造将以数据为主要驱动。由于 IoT 的快速发展,工业大数据将应用于制造业的全流程,并发挥重要作用。索菲亚衣柜是大数据驱动的 C2B 模式创新的代表,在研发精准化基础上,营销的精准化也通过线上线下数据的融合分析获得了很好的实现(图 5-2)。

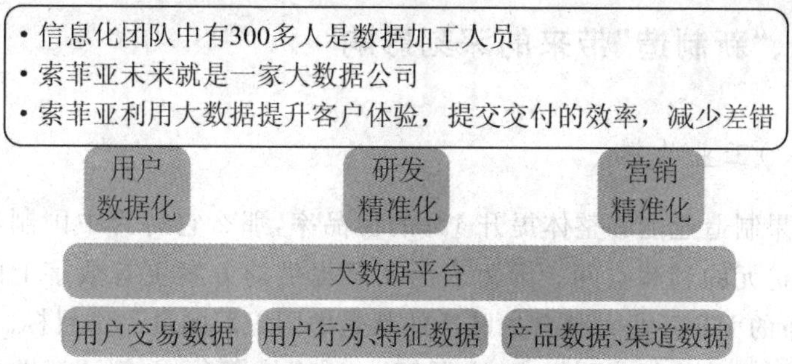

- 信息化团队中有300多人是数据加工人员
- 索菲亚未来就是一家大数据公司
- 索菲亚利用大数据提升客户体验，提交交付的效率，减少差错

| 用户
数据化 | 研发
精准化 | 营销
精准化 |

大数据平台

| 用户交易数据 | 用户行为、特征数据 | 产品数据、渠道数据 |

图 5-2　模式创新：索菲亚衣柜利用大数据实现零库存（资料来源：阿里研究院）

二、数字经济推动下"新制造"出现的背景

"新制造"的出现有两大背景。

其一，消费者主权崛起、个性化需求越来越旺盛。如《商业周刊》的一篇报道所述：在 20 世纪五六十年代，整个美国都是一幅千篇一律的景象，不仅背景大同小异，人们的愿望也大同小异。……而产品丰裕度在 20 世纪七八十年代显著上升后，情况彻底改变了。我们从'我想做正常人'转向了'我想与众不同'这种个性化消费的浪潮，近年来在中国也已经大量出现。今天的中国，已经是一个消费快速升级的社会，也是一个消费需求日益多样化的社会。比如，时装要求体现自己的个性，家具要匹配主人的喜好和户型，汽车要按照自己的需求来配置。个性化需求的大规模崛起要求供给侧能够给予满足。

其二，互联网、IoT、网络协同等技术的普及，首先使得设备之间、工序之间，甚至工厂之间、市场和工厂之间的联网轻而易举，市场需求、生产、物流数据可以非常便捷地在市场主体之间自由流动。数据的自由流动和产业链上下游紧密合作是产业变革的基础。例如，在大部分的工厂内部，ERP（企业资源计划）与 MES（制造执行系统）都是两套系统，各自为政。产能情况、订单进度和生产库存对 ERP 来说只是"黑箱"作业。

企业内部 ERP、MES，乃至 CRM（客户关系管理）的集成协同在没有互联网的时代，只有戴尔、宝洁等大公司才可以做到，但现在互联网出现之后，小企业也可以做到，而且可以玩得更为极致。因为，企业内部的系统集成通过以太网（局域网）即可完成，而跨企业之间的协同互联网则扮演重要角色。特别是电商出现之后，基于电商交易的数据丰富度、实时性和预测准确性，远非 POS 信息单一维度的日报所能比拟的。

三、"新制造"带来的深刻影响

（一）工业大脑

如果制造业能够整体提升 1‰ 的良品率，那么它将为中国制造总体提升上万亿元的利润空间。阿里云为工厂提供的方案更有数字上的经济价值，发布的 ET 工业大脑首先瞄准的就是中国工厂的良品率目标。

阿里云总裁胡晓明提出"中国智造 1‰"的概念，希望让工业生产线上的机器拥有智能大脑，"中国制造业如果提升 1‰ 的良品率，意味着一年可以增加上万亿元的利润"。以单个案例来看，阿里云人工智能技术已经应用到了中国的工厂里，并为位于江苏的光伏生产商协鑫在一年内节省了上亿元的成本，这一数字来自 1‰ 良品率提升。ET 工业大脑在协鑫的工厂里，通过分析上千个参数，来优化光伏切片的精密工艺。

让机器能够感知、传递和自我诊断问题，工业大脑通过分析工业生产中收集的数据，优化机器的产出和减少废品成本。通过并不昂贵的传感器、智能算法和强大的计算能力，ET 工业大脑解决的是制造业的核心问题。

据了解，徐工集团、中策橡胶、吉利等制造领域的标杆企业都在积极引入 ET 工业大脑，投入智能制造的浪潮之中。

"目前 ET 工业大脑已经在流程制造的数据化控制、生产线的升级换代、工艺改良、设备故障预测等方面开展工作。"阿里云人工智能科学家闵万里表示，ET 的目标是成为一个不断吸收专业知识的"大脑"，可以指挥各种类型的工业躯体。"我们希望用 21 世纪的机器智能，帮助人类更好地指挥 20 世纪的机器。"

（二）柔性生产

Adidas 曾发布世界首款可量产的 3D 打印运动鞋 Future craft 4D，其鞋底由 3D 打印而成。人们可以通过 Adidas 官网选择鞋子的颜色和图案，3D 打印技术能够更好地应用于小规模生产以及限量款球鞋的制造，甚至根据消费者的体重和行走方式来定制鞋底。

传统的 3D 打印机通过塑料粉来打印产品，而硅谷创业公司 Carbon 的新技术工作速度是传统方法的 10 倍，成本还不到原来的一半。

Adidas 表示，在与 Carbon 合作之后，Carbon 的技术能帮助 Adidas 更快、更好地生产小批量的运动鞋，因为以前生产大部分鞋底所需要的金属模具需要使用1万次才能收回成本,而且模具本身需要花费4~6个星期时间来制作和打磨。

Terry Wohlers预计,随着汽车、医疗、牙科以及珠宝行业的推动,到2022年,3D打印行业的销售额会是现在的4倍,达到260亿美元。

Gerd Manz说道:"个性化时代肯定会来临,但在此之前我们还有很长的路要走。"有调查显示,80％的消费者希望能够体验这项服务。[1]

这可以说是柔性化生产的经典案例,不仅降低了生产成本,减少甚至消灭了库存,更重要的是,更好地满足了消费者的需求,为社会创造了更大的价值,也为企业带来了更大的利润空间。

四、发展新制造的意义

在互联网条件下,制造业的转型升级不是独立发生的,而是呈现营销—零售—批发—制造的一个倒逼过程。在这个过程中,制造业出现由需求驱动生产的C2B模型,而柔性化是制造端的主要转型方向。实际上,在互联网出现之前,很多大型企业已经在探索大规模个性化定制、拉动式供应链,并取得了卓越的成绩,比如戴尔、Zara和丰田。但是互联网和电子商务的出现加速了这种进程,更多的中小企业也可以进行这种变革,并从中受益。

新制造的上半身是新零售,下半身是柔性生产,而中国作为全球最大的网络消费市场和制造大国,具备别国不具有的双重优势。互联网带来了新的竞争空间和新竞争规则,如果政策得当,中国在制造业领域完全可以走出一条独特的道路。

---

① 来源:路透社。

第六章 数字经济下的服务业转型升级

随着改革开放和市场经济的发展,我国消费者在物质需求方面达到了小康水平,消费者的需求逐渐转移到更高层次上,即对服务产品的需求。而现实是中国服务业的发展水平严重滞后于发达国家,甚至与一些发展中国家相比也有很大差距,因此服务业的发展问题变得尤为重要。新的需求主要是体现在服务行业,发展服务业符合整个社会的总需求。当前中国的问题是:供给主要是集中在第二产业,从而导致产能过剩,只能依赖出口,发展外向型经济;而需求主要集中在第三产业(服务业),因此导致了供需之间根本性的矛盾。

当前全球正处于产品时代向服务经济时代的转型期,在这个意义上,对服务业以及服务经济进行研究,对中国的产业结构的升级和重构以及人民生活水平的提高有着重要的战略意义。

第一节 服务业概述

一、服务:概念与特征

Hill(1977)提出:"服务是指人或者隶属于一定经济单位的物在事先合意的前提下由于其他经济单位的活动所发生的变化。"

随着科学技术的发展,尤其是信息技术的发展以及基于互联网的各种商业模式的创新,服务所包含的范围不断扩大。"服务"被不断赋予新的含义。尽管我们暂时还不能对不断发展变化的服务做出一个严格的定义,但是我们仍能通过总结出学界广泛认可的相关特性,渐渐明晰"服务"的含义。传统意义上,人们认为服务具有如下特征。

(1)无形性。这是服务与物质产品的最本质的区别。服务不同于一般商品,服务的空间形态基本上是不固定的,同时许多服务的使用价值和效果,往往短期内不易感受到,通常要一段时间后,接受服务的对象才能感到服务所带来的利益,比如教育服务。所以消费者在购买服务产品时,有时因为难以确定其品质而要承受不确定的风险。但是服务的无形性也不是绝对的,许多服务需要依附有形物品发生作用(如餐饮、具有实验要求的科研活动等)。

(2)不可分离性。服务的生产、销售和消费同时发生。服务在本质上是一个过程或者一系列的活动,顾客必须和生产者发生联系。服务提供给顾客的过程也就是顾客消费服务的过程。制造业中,生产和使用过程是可以分离的,顾客只进行最终的消费,因此,生产、销售和消费之间存在时间的间隔。

(3)不可储存性。服务既不能在时间上储存下来以备将来使用,也不能在空间上安放以供转移,如果不能及时消费,就会造成服务的损失。它的不可储存性是由服务的非实物性和不可分离性这两个特点决定的。

(4)不可贸易性。由于服务的非实物性和不可储存的特点,服务通常被认为是不可运输以及贸易的。传统的国际贸易的交易对象通常是有形的商品。

(5)所有权的不可转让性。商品交易的是商品所有权,服务是人力资本从事经济活动的过程。服务在生产和消费过程中不涉及有形产品所有权的转移。服务在消费完后便消失了。服务消费者只对服务拥有消费权和使用权,而服务消费只是让渡人力资本的使用权。

在五个特性中,服务的无形性是其他特性的基础。这五种特性也互相影响,形成了服务的特征。技术变迁和信息服务的发展使现代服务业有了新的特征。

(1)服务有形与无形的界限变得模糊。随着科学技术的发展,一些服务提供者正使用现代化手段实现物化服务,无形的服务活动正日益有形化于某种物质产品中,如咨询服务、娱乐服务(音乐、影视等)和软件都可以刻成光盘进行传播。这意味着通过"有形"和"无形"已经无法判断某产品是否是服务产品。

(2)服务的可贸易性。由于部分服务发展了形式存在的载体,服务也变得像物质产品一样具有了可贸易的特征。近年来服务外包和服务贸易的规模不断扩大,甚至其增长幅度都超过了货物贸易,显示出极其强劲的增长势头,在增强自身竞争力的同时,也推进了全球化的进程。

(3)服务的知识和技术密集性。随着科学技术的发展,许多服务业从制造业分离出来,形成独立的经营行业。科技的发展也改变了某些领域消费者和生产者之间的关系,而这些领域在以前是不可想象的,如医疗护理,以前需要医生亲自到场进行诊断,而现在可以通过远程进行诊断。还有一些领域如互联网银行等。在大多数情况下,通过互联网这些服务提供商变得更有效率。

（4）服务的异质性。不同服务人员在技术水平、服务态度、努力程度方面会有所差异，顾客的个性特征存在差异，服务的时间地点存在差异，故服务的差别性很大。服务不仅受服务生产环境的影响，而且还受服务提供者和服务消费者的特征与水平的影响，例如对小学生进行高等数学教育，并不能产生其对大学生进行相同教育的服务效果。服务质量的异质性使得消费者对于服务提供商的声誉非常重视。

二、服务业的界定

服务业的界定在世界各国不同。中国国民经济核算长期参照苏联的物质产品平衡表体系（System of Material Product Balance，MPS）。这种适用于计划经济国家的国民经济核算方法，其基本依据是根据劳动的性质，将国民经济分为物质生产领域和非物质生产领域。在非物质生产领域投入的劳动，因为不增加物质产品总量而被认为不创造国民收入。

基于 GDP 核算体系构建后，中国将服务业界定为第三产业，但是在具体划分方面还没有完全与国际标准接轨，且在不同场合使用不同的国际分类标准。在对国内服务业进行有关统计时，依据的是国内产业划分标准；在服务进出口统计方面，依据的是中国国际收支平衡表的划分标准；中国的服务贸易承诺减让则依据 WTO 分类标准（WTO 分类标准中和农林牧渔业相关的服务以及建筑业都属于服务业标准，而根据产业分类前者属于第一产业，后者归入第二产业）。

目前我们采用国内产业划分标准来界定服务业。中国《国民经济行业分类》历经多次修改，与各版《北美产业分类体系》均参照了联合国《国际标准产业分类》，两者的对应关系总体来说比较吻合。但是经过比较，中国和美国在服务业核算上还是存在一定的差异。主要体现在以下三个方面。

（1）美国的服务业核算口径要大于中国服务业的核算口径。中国 2017 年的《国民经济行业分类》中，这些行业分属工业部门，分别是 D44-IM6（电力、热力、燃气及水生产和供应业）和 C42（废弃资源综合利用业）。

（2）中国服务业的部分行业与美国直接对应。中国 2017 年《国民经济行业分类》中关于服务业的分类，共有 5 个门类与 2017 年的《北美产业分类体系》对应，分别为门类 G（交通运输、仓储和邮政业）对应于 48-49（运输和仓储业）、H（住宿和餐饮业）对应于 72（住宿和餐饮服务业）、J（金融业）对应于 52（金融与保险业）、P（教育）对应于 61（教育服务）、Q（卫生和社会工作）对应于 62（卫生保健和社会救助）。1 个门类下属 2 个大类分别与《北美产业分类体系》的 2 个门类对应。门类 F（批发和零售业）所包含的 2 个大类与《北美产业分类体系》中的 2 个门类 42(批发业)、44-45(零售业)对应。

(3)中国服务业的部分服务行业经过增减或者合并后与美国的服务产业对应。为界定生产性服务业范围,建立各地区、各部门生产性服务业统计调查监测体系,国家统计局于 2015 年 6 月发布了《生产性服务业分类(2015)》。此分类以《国民经济行业分类》为基础,是对国民经济行业分类中符合生产性服务业特征有关活动的再分类。该分类将生产性服务业划分为生产活动提供的研发设计与其他技术服务、货物运输仓储和邮政快递服务、信息服务、金融服务、节能与环保服务、生产性租赁服务、商务服务、人力资源管理与培训服务、批发经纪代理服务和生产性支持服务共 10 个大类,此外还细分为 34 个中类和 135 个小类。2019 年 4 月,国家统计局又对《生产性服务业分类(2015)》版本进行修订,下发了《生产性服务业分类(2019)》,保持原有 10 个服务业大类,增加 1 个中类至 35 个,增加 36 个服务业小类至 171 个。

第二节　服务业发展和智能服务产业兴起

一、服务业发展

以下主要分析了世界主要发达国家(G7)以及新兴市场经济国家(BRICS)1970 年以来服务业占 GDP 的比重,以此来反映经济服务化现状。

印度是除中国外第二大发展中国家,1970 年印度服务业占 GDP 比重约为 30%,经过 40 多年的发展,印度服务业一直稳步增长,虽然其人均GDP 水平依然不高,2014 年人均 GDP 为 1 576.00 美元,但服务业占 GDP比重已经达 47.82%。中国在 2006 年前服务业占比一直低于印度,到 2014年服务业占比才与印度持平,但同期,中国人均 GDP 为 7 683.50 美元,相当于印度的 4.9 倍。

相比较而言,中国的服务业增加值占 GDP 比重以及占就业人员比重还相对较低。1978 年中国服务业增加值占比为 24.6%,到 2017 年上升到51.63%,虽然有了较大提高,但是与其他发达国家相比还有一定的差距,低于世界银行定义的中低收入国家同期的平均水平(54.15%)。[①] 1992—1996 年以及 2002—2008 年还出现了服务业占比下降的现象。

---

① 中国 2009 年人民国民收入为 2 940 美元,属于世界银行界定的中低收入国家(996~3 945 美元为中低收入国家,996 美元以下为低收入国家)。

二、智能服务产业兴起

目前服务业已成为世界各大经济体中占比重最大的部分,也是增长最快的一部分;服务经济的增长使得服务创新成为获得竞争优势的重要手段之一。欧盟在 2005 年 10 月发布的"创新行动计划"中,就将"服务创新"作为一个重要目标加以提出,欧盟第七框架计划(FP7)中与服务业相关的研究主题多达 5 项;在日本的 2006—2010 年发展策略中,"服务创新"作为要点也被提出来,希望通过此方面的研究,寻求日本经济新的增长点。服务创新需要更多学科的技能与知识,包括科学、管理、工程等相关学科知识,智能服务就是在这种背景下应运而生的,并已逐步成为世界经济发展的核心推动力。

目前,智能服务作为服务业发展的前瞻领域及先进方向,已成为各国"必争"之地。从美国机器人技术路线图到德国工业 4.0 计划,从"中国制造 2025"到日本机器人白皮书,这些名字各异而内涵一致的科技战略,均透射出各国政府对发展智能服务产业的共识与重视。当前,以新一代信息技术为重要支撑、以智能产业化和产业智能化为主要内容、以扩大智能应用和信息消费为主要导向、以信息化和工业化深度融合为主要表现形式的数字经济和智能服务快速发展,尤其是集智能服务和智能服务应用为一体的新经济形态,已成为数字经济、智能服务产业发展的主导方向和核心内容,给人类社会的生产方式和生活方式带来了深刻变革。优先发展数字经济,实现智能服务产业化发展,已成为全球各国抢占未来发展制高点的战略选择,也是我国加快经济转型升级的必然选择。

尽管目前在智能服务定义、性质、服务建模与服务运作方面的研究成果日益增多,但在现代服务业领域,尚未开展智能服务技术方法和产业化发展的研究。在智能服务为人类活动和商业活动创造了难以想象的交往模式和动态组织构造的同时,挑战也随之而来,例如,智能环境下的服务运作维护与改进具有全新的内涵,需要搭建专业知识体系和培养专业人才;又如,智能环境下服务运作与改进问题存在若干研究空白,包括智能服务质量的内涵界定、测量与智能管理、合作服务网络的管理与监控等。这些难题给智能服务产业化发展带来了全新挑战,需要我们深入挖掘、梳理智能服务产业化发展的客观规律,并将其上升到理论,构建由服务提供者和消费者共同创造价值的载体,并通过优化配置资源以获取更多、更好的价值。

第三节 我国服务业数字化转型的机遇与挑战

服务业门类繁多,特点各不相同,需要分类区别对待。在全面推动服务业创新发展的同时,聚焦服务业重点领域和发展短板,优化产业结构,提升服务业能效。信息、科创、金融、商务、人力资源、节能环保等生产服务,重在提高专业化水平、增强竞争力;现代物流、现代商贸等流通服务,重在降低流通成本、提高效率;教育培训、健康、体育、养老、文化等社会服务,重在打破制度障碍、扩大有效供给;家政、旅游休闲、房地产等居民服务,重在提升服务品质、改善服务体验。同时,充分发挥各地比较优势,支持北京、上海、广州、深圳建设具有全球影响力的现代服务经济中心,加快国家级服务经济中心建设,提升区域服务经济中心辐射带动能力,增强中小城市和小城镇服务功能,全面优化服务经济功能分工和空间布局。

数字经济是随着信息技术革命发展而产生的一种新的经济形态,早在20世纪90年代在欧美国家就已经非常流行了。最近二三十年我国数字经济蓬勃发展。特别是最近几年,我国开始更多从经济视角观察数字化问题,特别是成立了中央网络安全和信息领导小组,数字经济开始升温。在世界互联网大会,G20杭州峰会、中央政治局网络强国战略集体学习、网络安全和信息化工作座谈会等重大场合,数字经济首次写入政治工作报告,翻开了我国数字经济发展的新篇章。在数字经济与服务业融合渗透不断加深的背景下当前服务业的快速成长与数字经济蓬勃兴起相互叠加,给我国服务业数字化转型带来了机遇和挑战。

一、我国服务业数字化转型的机遇

(一)生活性服务业和生产性服务业融合发展

数字经济时代,大数据、云计算和人工智能等信息技术日益渗透进生活服务领域,不断增加生活服务业的技术含量,大幅改变服务业技术薄弱、小散乱的传统形象。同样,类似技术也被作为生产性服务的技术支撑,如阿里云就推出了ET医疗大脑和ET工业大脑,与其电子商务平台具有共同的底层技术。数字技术作为生产和生活领域通用性技术,使得生活性服务业和生产性服务业具有了融合发展的基础。另外,随着消费品的智能化水平不断提高,产品和服务相结合的"活产品"日益发展成熟,消费品内嵌的传感设备汇聚丰富生活消费数据,此类数据不仅为生活服务企业提供改善服务的依据,也是产品生产企业改善设计、优化产品结构的依据来源,消费品物质功能和服务功能的属性,牵引生产性服务和生活性服务融合的趋势更为凸显。

（二）公益性服务业潜力巨大

随着人民群众对公共服务效率的需求不断提高,政府不断精简行政性支出,公益性事业的社会化主办和市场化转型成为必然趋势,由政府承担的公益性服务将逐步进入市场。相对于需求而言,市场化公益服务的供给缺口巨大,数字技术的广泛使用有助于弥补传统公益服务资源缺口。拿养老服务为例,由于中国社会老龄化渐行渐近,老年人口规模庞大,增速加快,在数字经济时代,以互联网和大数据为依托,借助物联网、移动通信、云计算等信息通信技术手段可以实现泛在信息环境下的无缝接入,集聚并应用老龄人口大数据,为老年人提供全方位、广覆盖、智慧化的各种养老服务,弥补和克服养老资源不足、传统养老服务水平低等问题。同时,不断衍生出的模式创新也将有力推动公益性服务业发展。

（三）智能即服务成为一种新的服务业态

在信息技术的全面应用和渗透下,交通出行逐渐成为一种新型服务,形成了多种基于大数据分析的交通出行规划,方便出行者从出发到目的地的交通工具和交通路径的灵活选择。欧洲在世界数字交通大会上率先提出"交通即服务"的新概念,获得了美国、日本和韩国交通行业的响应,将交通作为一种服务来规划和设计。按照出行者每次出行的时间、换乘次数、费用开销、碳排放量等指标定义交通出行服务的质量,这样强烈依赖于交通数据的采集、分析和挖掘。

互联网企业更积极地拥抱"交通即服务"的理念,通过"互联网＋"交通雏形,创造出诸如共享打车、专车服务、车货匹配、定制交通、停车O2O、综合交通信息服务APP等多种"交通即服务",例如,优步作为数字交通的后来者,在利用软件平台提供智能出行和共享交通等服务的同时,还为美国35个城市提供了上门接种流感疫苗的服务。人们只需要在规定的时间段打开优步的手机应用程序一键呼唤"UberHEALTH",就可以接受流感疫苗上门接种服务。

（四）创新服务新模式

数字经济的发展对于改善民生、增进社会福祉作用巨大。世界经济论坛对34个经合组织成员国的调查显示,数字化程度每提高10个点,能够促使经合组织幸福指数上升约 1.3 点。例如,微信通过一系列创新,能为民众提供一体化、整合性的大量创新服务。政务微信基本形成了部委政府、地方各级部门所组成的微信公众号应用体系,实现了公安、旅游、食药监、党政、交通、教育、医疗、人保、司法、外贸等政府职能全覆盖。在很多政务民生领域,通过微信送达民生服务成为常态。微信推出城市服务,整合公积金、人社、医疗、交通、公共事业缴费、出入境、公安等多种民生服务办事功能,将政府部门线下和桌面的办事流程升级到移动端,使公众足不出户、随时随地就能获得政府提供的服务,使政府更加贴近百姓生活,为公众的生活带来切切实实的便利。微信还积极拓展生活领域,形成便民服务新业态。水电气缴费让用户足不出户享受指尖生活缴费;餐饮、家政、物流、教育、医疗、旅游、酒店、停车、社区等多领域合作形成智慧解决方案,发展 O2O 服务新模式。

（五）推动服务业与制造业融合发展

产业融合的理念最早由美国学者 N. Rosenberg 于 1963 年提出,指的是机械设备业中由于通用技术的应用和发展而形成技术融合。日本学者植草益认为,产业融合是顺应技术进步形势,放宽政策限制,以降低各行业进入壁垒,促使各行业形成良好的竞争合作关系。提出产业融合不仅出现在信息通讯业,金融业、能源业、运输业的产业融合也在加速之中。把握制造业服务化趋势,支持制造企业发展研发设计、品牌开发、营销服务、检验检测等价值链高端服务环节。发展"互联网＋服务",支持移动互联网、大数据、物联网等新技术应用实现服务业与制造业的无缝衔接。

二、我国服务业数字化转型的挑战

数字经济在发展过程中也面临一些有待克服的障碍、有待消除的不良影响,这些问题有待各方采取措施逐步解决。

（一）安全问题有待提高

随着数字经济的发展,安全威胁也日益增多,高危漏洞数量有增无减,网络攻击越演越烈,关键基础设施面临严重威胁,金融领域、能源行业成为重灾区。据互联网监控公司 Arbo Networks 的数据,2011 年至 2014 年短短三年内,全球 DDoS 攻击量增加了 30 倍以上。一项研究估计,每年各种网络犯罪、攻击对全球经济造成的损失高达 4 000 亿美元。其中,物联网的发展带来了前所未有的网络安全挑战。

物联网是软件和硬件一体的,牵涉的零部件和相关部分较多,无法通过简单的升级、修改、置换等方式应对可能的安全威胁,导致保障物联网安全的难度远远大于互联网。尤其是许多智能设备的开发商都是小型创业公司,没有提供复杂安全功能的资源或经验。安全问题的存在大大阻碍了数字经济进展。

(二)数字能力参差不齐

数字鸿沟既包括基础设施接入层面的鸿沟,也包括数字素养方面的鸿沟。在接入方面,至今全球仍有40亿人不能上网,尽管这40亿人大部分位于发展中国家,但欧美等发达国家也没有完全克服数字鸿沟问题。世界经济论坛建议建立"全民享有的互联网",很多国家也制定了各自的普遍服务计划,但短期内仍无法根本解决这一问题。我国东西部、城乡之间在网络接入方面也存在明显的数字鸿沟。在数字素养方面,各国普遍存在数字技能不足的情况。相对于欧洲,发展中国家数字能力不足的问题更加严重,各国急需加强数字素养教育。

(三)传统就业结构面临挑战

科技发展与进步必然提升社会效率,解放人力。第一次工业革命引发了"机器问题",大量工人被机器取代。数字经济的发展也将引起就业结构的巨大变化。根据世界经济论坛数据,当前上小学的孩子有65%最终将从事现在还不存在的全新职业,劳动市场将发生巨大变革。

数字技术中对就业影响最大的非人工智能莫属。那些单一特定领域的重复性工作、思考模式可以被理性推算的工作将被大量取代,翻译、记者、助理、保安、司机、销售、客服、交易员、会计、保姆等职业将在未来十年大大减少。同时,人工智能的发展将创造很多新的岗位,如数据科学家、自动化专家和机器人监控专业人士等,高端需求将大量增加。就业结构的变化要求教育、社会保障等领域加快变革,并做好职业培训,尽可能降低潜在风险。

(四)法律法规存在滞后性

数据是数字经济的重要生产要素,但同时给我们带来了极大挑战。一些国家致力于强化知识产权保护,但也有不少国家和研究机构认为,技术的变革已经打破工厂传统知识产权的界限,原有的知识产权制度已与数字经济发展脱钩,造就了一个由专利流氓和专利持有人构成的寄生系统,阻碍了创新。目前,知识产权的调整仍在缓慢进行中。又如,在用户隐私保护、"被遗忘权"等方面,各国也未达成共识,这些问题导致目前各国数字经济监管政策千差万别,传统行业和新兴行业的冲突不时出现,相关法律建设的滞后对数字经济健康发展也有很大影响。

（五）高层次人才供给瓶颈有待进一步破解

知识密集型与新兴服务业高端人才缺乏,人才缺口不断扩大。要实现服务行业的数字化转型,既要有与国际接轨的市场化法治化营商环境,也需要与国际接轨的金融保险、法律服务、会计服务等行业的专业化人才。尽管目前我国互联网发展速度较快,能够实现服务要求,但是制约信息服务、科研服务、健康服务等产业发展的主要障碍是人才问题,尤其是缺少具备国际领先研发水平的高端人才团队。人才引进来,还需要健全使用和交流机制,给人才提供顺畅的职业,上升通道。由于人才工作机制创新活力不足,导致人才引进来之后,难以保证用得好、留得住,向北京、上海、深圳、杭州等城市流动的趋势明显,制约了专业化人才的专业化使用效率。

第四节　智能服务产业化发展

一、智能服务产业化发展机制

推-拉理论(the Push and Pull Theory)最早是在 19 世纪末,由 E. G. 雷文斯坦(E. G. Ravenstein)针对人口迁移研究提出来的。系统的人口转移推拉理论是 20 世纪 50 年代由唐纳德·博格(D. J. Burge)提出的,其主要观点是人口转移是两个不同方向的力相互作用的结果,即人口的流动对于流入地来说,其主要原因是该地区具有吸引人口的"拉力",而对于流出地来讲,其主要原因是该地区有驱使人口向外流出的"推力"。该理论被提出后在产业发展、市场营销等领域得以广泛应用。

根据推-拉理论,构建智能服务产业化发展的动力模型,如图 6-1 所示。从根本上讲,驱动智能服务产业化发展的动力因素,可分为推力因素和拉力因素两大类。推力因素从微观主体企业来讲,至少有三个因素。其一,技术创新。微观主体为提高企业的竞争力,要通过持续研发和技术创新,增强产品的技术含量,提高产品的附加值,产品的智能化和智能服务的实现也是一部分企业的目标。其二,机器换人。机器换人不仅可以缓解我国劳工缺口,而且还可推动智能制造和智能服务产业发展。其三,转型升级。经过多年的持续快速发展,我国已成为具有重要影响力的世界制造业大国,但大而不强,经济发展过度依赖能源资源消耗,资源环境和要素成本约束日益趋紧,企业转型迫在眉睫,而智能服务产业无疑是产业转型升级的重要方向。

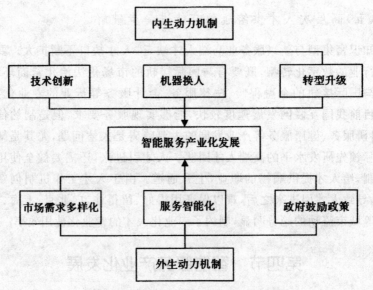

图 6-1　智能服务产业化发展的动力机制

　　拉力因素则可从市场和政府视角来考虑,至少存在如下三个因素。其一,市场需求的多样性。随着经济发展和消费者收入水平的提高,市场需求表现出多样性、个性化、质量化、多变性等特征和趋势。其二,服务智能化。由于智能服务产业可以自动辨识用户的显性和隐性需求,并且主动、高效、安全、绿色地满足其需求服务,这不仅仅是传递和反馈数据,更是系统进行多维度、多层次的感知和主动、深入的辨识。其三,政府激励政策。随着中国制造 2025 和德国 4.0 的推进,智能服务产业已成为经济社会发展的高端和战略性产业,得到政府的高端重视,因而政府会采取政府补助、税收优惠等多种政策措施引导和推动智能服务产业的发展。

　　可见,通过推-拉理论,可以构建一个由内生动力机制和外生动力机制组成的智能服务产业化发展的动力机制,推动我国智能服务产业化发展。

　　智能服务产业化发展受微观主体——智能服务企业的动力和能力影响,我们可从制度创新、政策创新、技术创新和管理创新的创新机制和利益机制的完善等进一步构建智能服务产业化发展的驱动机制。

　　(1)通过政府前瞻布局和顶层设计,为智能服务产业化发展构建良好的发展环境。美欧日等发达国家和地区把智能服务产业发展纳入国家战略,我国政府也高度重视,自 2014 年以来,党中央国务院围绕"信息化""互联网＋""智能制造""大数据"等陆续颁布了一系列"行动计划""指导意见""战略纲要",提出了明确而清晰的战略思路、战略目标和主要任务,加强了科学规划和政策引导,充分强调了产业转型和智能服务产业发展的重要性,已经为我国智能服务产业化发展提供了良好的条件。

(2)通过政策引导,加快智能技术协同创新和云服务平台建设,可进一步提高智能服务技术的创新能力。在物联网、云计算、大数据等信息技术快速发展的背景下,政府可通过"互联网＋"技术,搭建一个政府引导、企业参与的智能服务技术协同创新平台和智能技术云服务平台,这既可集聚优质创新资源,实现优势互补、资源共享,协同攻克智能服务核心技术,又可通过平台扩大智能服务技术信息传播,加大智能技术的应用和推广,从而可加快推动智能服务技术产品化、商业化、市场化和产业化。

(3)智能服务产业在具有高智力和高技术特征的同时,还具有高附加值和高收入的特征,且作为服务业的前瞻领域和先进方向,因而对微观主体——企业具有极大的吸引力。因此,我国应进一步明晰智能服务产业化实现过程中涉及的利益主体,了解各个利益主体在推进智能服务产业化进程中的动机和利益诉求,完善我国智能服务产业化发展的利益分配与利益协调机制,进一步激发市场主体活力,可有效驱动我国智能服务产业化发展。

二、智能服务产业化发展的关键影响因素

影响智能服务产业化发展的因素主要有:(1)信息网络基础设施和智能服务平台。信息网络基础设施和智能服务平台是智能服务产业化发展的基础。而且,基于智能服务的数据驱动、敏捷高效、安全可靠的特征,智能服务的基础设和平台建设则被提出了更高的要求,即信息网络基础设施和智能服务平台需达到先进、安全和高速以适应和推动智能服务产业化发展。(2)智能技术的自主创新能力。智能服务的发展,需要智能技术来支撑。我们要从影响智能服务发展的技术层面入手,分析影响我国智能服务产业化发展的技术瓶颈,剖析智能服务关键技术的突破口,制定智能服务核心技术赶超战略,构建智能服务技术协同创新平台。(3)智能服务产业化发展的市场主体。政府要通过政策进一步营造氛围,引导企业主动适应新业态、新模式的发展要求,通过智能化改造升级,提升企业的数字化、网络化和智能化水平,持续提升微观主体的市场竞争力。(4)数据的开放和共享。数据的开放和共享,不仅需要我国企业加大资金、资源和技术投入,而且更需要政府的政策制度的制定和完善。(5)智能服务人才。如何通过

外引内培,加强智能服务人才建设,是未来智能服务产业化发展的重要影响因素。(6)政策扶持和引导。智能服务产业作为国家的新兴产业,需要政府的扶持和引导。

(一)智能基础设施服务能级全面提升

智能基础设施是智能服务产业化发展的一个关键影响因素。我国应重点关注以互联网为代表的新兴信息技术在普及和应用方面的不平衡现象的原因,加快布局下一代互联网,提升互联网普及应用水平,加快智能服务平台的构建和完善。

下一代互联网已成为信息技术领域新一轮国际竞争的战略制高点,加快下一代互联网建设和应用,对于提升互联网产业竞争力、实施网络强国战略具有重要意义。因此,我国应深入分析我国网络基础设施建设中主要存在的宽带网络用户普及率较低且分布不均衡、下一代互联网发展路线图和时间表尚不明确、下一代互联网产业链各方的积极性尚未充分调动、特色业务应用不多对下一代互联网应用拉动力不强等问题,重点研究按照"政府引导、应用驱动、积极过渡、开放创新、保障安全、跨越发展"的基本思路,构建设施先进、节能泛在、安全可信、具有良好可扩展性和成熟商业模式的下一代互联网,加快推进 IPv6 网络规模化商用,打造下一代互联网产业链,实现下一代互联网在经济社会各领域深度融合应用,使我国成为全球下一代互联网发展的重要主导力量。

智能服务平台和信息基础设施一样是影响智能服务产业化发展的基础支撑和关键影响因素。大力实施创新驱动发展战略,以创新资源共建共享的协同发展为主要抓手,着力构建"智能大脑"平台、智慧城市大脑、云计算中心、智能制造服务平台、创新设计平台等一批开放型、一体化的智能服务平台,支撑我国智能服务产业化发展。

(1)顶层设计构建智能服务平台。政府应积极谋划建设我国的智能服务平台,高度重视"智能大脑"平台的建设、云计算中心的建设和智能制造服务平台的建设。智能服务平台的构建可以通过政府扶持,以国内优秀企业通过商业驱动模式组织实施,科研机构、企业、创业者等可以通过智能服务平台,实现产品或装备的智能化。

(2)创新智能服务平台构建模式。聚焦智能服务产业的重点领域,引导企业树立开放式创新理念,创新柔性引进、合作共建模式,支持企业牵头、联合知名高校、研发机构、创新团队,前瞻布局共建一批以智能服务产业研究为特色的新型产业技术研究院,搭建一批产业公共技术服务平台,加快推进智能硬件共性技术研发平台、3D 打印公共技术服务平台等建设。

（二）智能服务核心技术创新能力全面提升

我国信息产业的企业多处于产业链下游，对于信息化至关重要的芯片、操作系统与 CPU 等核心软硬件技术、设备与国际先进水平存在明显差距。在对我国各信息行业的发展现状、国际地位及其市场重要性探讨的基础上，明确我国目前在信息领域的优先方向，通过超前布局以把握网络技术转型机遇实现"弯道超车"。我国应在新一代移动通信、集成电路、大数据、先进制造、新能源、新材料等方面进行战略布局，加大研发投入，以赶超先进国家，引领未来产业发展。而为化解信息技术从研发、流转、应用到市场化等各环节的机制体制障碍，提升创新体系整体效能，我国可以技术链、价值链、产业链、供应链的"四链融合"作为理论支撑，通过智能服务产业的技术链、产业链、供应链、价值链"四链"优化及深度融合的创新机制，构建"三围绕"模式（即围绕产业链部署技术链，围绕技术链提升价值链，围绕价值链完善供应链）的良性运行的机理，构建以智能服务产业化发展对信息网络技术的强大需求为牵引，进口替代与出口导向作推动，政府主导型、大企业集团主导型、中小企业协同创新主导型、多层次技术供给体系主导型、国际创新要素集聚主导型等方式驱动智能服务产业化发展的核心技术创新能力提升，如图 6-2 所示，从而促进我国智能服务核心技术从跟跑并跑向并跑领跑转变。

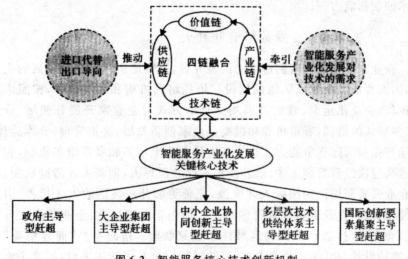

图 6-2　智能服务核心技术创新机制

（1）政府主导型（涉及国家安全和长远发展）的关键核心技术赶超实现路径。计算机操作系统等信息化核心技术和信息基础设施的重要性显而易见。我国要继续大力发扬"两弹一星"和载人航天精神,加大自主创新力度,集中优势力量协同攻关实现突破,从而以点带面,整体推进,为确保信息安全和国家安全提供有力保障。

(2)大企业集团主导型的新一代信息技术赶超的实现路径。联想、华为、海尔都是我国后发型企业充分利用比较优势培育国际竞争力的典型案例。我国应发挥核心竞争力强的大企业集团的作用,加快提升我国信息核心技术的创新能力。

(3)中小企业协同创新主导型的基础软件技术赶超实现路径。在发达的互联网基础上建立起来的创新型中小企业,其市场交易与企业间分工协作不受地理空间局限,将加速默会知识和黏性知识的流动,使得信息、物流、管理等要素的共享程度更高。

(4)多层次技术供给体系主导型的基础前沿技术和共性关键技术的赶超实现路径。构建高效强大的共性关键技术供给体系迫在眉睫。我国可借鉴先进国家的相关成功经验,结合智能服务产业的发展现状及特点,分析各技术合作供给模式进行共性信息技术研发的优缺点及其在不同行业及产业链不同环节的适用性,采取有针对性和可操作性的对策措施。可见,通过进口替代和智能服务产业化发展对基础前沿技术和共性关键技术的强大需求,我们可通过"四链"深度融合发展,不断完善基础前沿技术和共性关键技术的技术供给体系,从而进一步提高基础前沿技术和共性关键技术的创新能力。

(三)智能服务企业的培育和壮大

企业家是企业财富创造活动的领导者,是智能服务产业化发展的主力军,因而要加强企业家队伍的建设。依托培训机构和大型企业,按照市场化运作、企业化运营、政府补助相结合的方式对企业家开展分领域、分层次、多形式的培训,着重培养和提高企业家创新发展、决策管理、资本运作、市场开拓和国际竞争能力。构建新生代企业家培养和联系服务机制,积极引进高层次经营管理人才,培养高水平职业经理人,创新人才激励机制,支持企业开发利用国内国际人才资源,完善更加开放灵活的人才培养、引进和使用机制,提升企业经营管理水平。加强企业家协会、企业联合会等行业协会建设,打造产业性和区域性企业家联盟。适时举办"商界精英"大会,邀请世界500强企业家参加,打造国际化企业家交流平台,拓宽企业家国际合作渠道,培养一批具有全球化视野的高素质企业家。

作为一个新兴产业,智能服务企业的来源主要有以下途径:一是传统服务企业的智能化改造和升级。随着云计算、大数据和人工智能的发展,机器学习、语音识别和自然语言处理、计算机视觉等将被广泛应用于生产性服务业,企业会越来越重视研发设计、生产制造、经营管理、市场营销、售后服务等环节的智能化转型,这将有利于企业新竞争优势的培育和比较利益的增进。二是信息网络技术发展所带来的新模式和新业态所催生的智能服务企业。三是引进外资智能服务企业。

智能服务企业是智能服务产业化发展的基础。因此,政府应引导和支持智能服务产业领域重点企业开展技术创新、管理创新和商业模式创新,促进企业由小到大、由弱变强,为智能服务产业的蓬勃发展提供良好的条件。鼓励大企业构建大中小企业协作生产、协同创新的生态圈,培育发展平台型企业。聚焦智能制造装备、智能终端产品、人工智能技术、智能制造服务平台等领域,推动高成长企业培育、创新型示范企业培育、小微企业"上规升级"等专项行动,培育一批智能服务单项冠军企业和"专精特新"中小企业。支持装备制造企业以智能化升级为突破口,从提供设备向提供设计、承接工程、设施维护和管理运营等智能制造一体化服务转变。鼓励工程设计院、工业信息工程与服务公司、自动化成套公司、大型控制系统供应商发展成为智能制造系统解决方案供应商。

(四)智能服务人才资源培养和集聚

创新驱动实质上是人才驱动。人才是智能服务的核心,是智能服务产业化发展的中坚力量,要通过外引内培,集聚一批智能服务产业化发展需要的具有技术创新能力和跨界管理能力的人才。

1. 健全智能服务人才培养体系

面向智能服务产业化发展的需求,支持高校设置"数字经济""智能服务""互联网＋"等相关专业,注重将国内外前沿研究成果尽快引入相关专业教学中,重视高等院校专业学位建设,健全智能服务人才培养体系,加强高层次应用型专门人才培养。在重点院校、大型企业和产业园区建设一批产学研用相结合的"数字经济""智能服务""互联网＋"专业人才培训基地,积极开展企业新型学徒制试点。继续加快引进大院大所,增加引进人才的承载载体和人才培养载体。结合国家专业技术人才知识更新工程、企业经营管理人才素质提升工程、高技能人才振兴计划等,加强智能服务产业职业人才和高端人才培养。

深化人才体制机制改革,完善激励创新的股权、期权等风险共担和收益分享机制,在大中型企业推广首席信息官制度等,用好人才、留住人才,稳定壮大人才队伍。

2. 加大高层次人才的引进力度

加大引进人才力度,调整完善高层次人才引进政策,吸引具备创新能力的跨界人才,营造有利于智能服务产业优秀人才脱颖而出的良好环境。

加大重点人才引进平台建设力度,引导企业建立博士后科研工作站、企业研究院等平台,鼓励研究机构和重点企业在创新人才集中的国家或地区建立海外引才基地,面向全球引进和集聚数字经济智能服务专业人才。

以"领军拔尖人才引进"计划、"领军拔尖人才培养"工程等重大工程为依托,研究制定"促进数字经济和智能服务发展人才专项计划",完善数字经济和智能服务高层次人才服务体系。充分发挥市场机制基础作用,强化企业引才主体地位,鼓励行业协会、社会中介机构等社会力量参与,加大引进海内外高层次人才,加快吸引全球数字经济和智能服务等新经济产业领军人才。加快吸引培育创业主体,重点培育创客极客(变革式)、科技人员(团队)、跨区域创业者、系列创业者、产业组织者等创业主体。构建和完善我国各高校创客人才培养机制,吸引一批思维活跃、创意丰富的青年人才进入数字经济和智能服务领域,不断壮大我国数字经济和智能服务产业的人才队伍。

(五)信息安全体系构建和完善

信息技术广泛应用和网络空间兴起发展,极大促进了经济社会繁荣进步,但是,信息安全整体形势日趋严峻。目前我国的发展现状来看,我国信息安全产业仍存在产业生态不健全、核心技术积累不足、安全服务能力亟待提升等短板。因此,我国应构建适应市场需要的以创新为导向的科技金融服务体系,研究信息产业技术标准化的演化规律,构建有利于智能服务产业化发展的信息安全体系。

1. 信息安全标准体系建设

建立并完善基础共性、互联互通、行业应用、网络安全、隐私保护等技术标准,建立信息安全测评评价体系、审计监督体系,提高对信息安全事件的监测、发现、预警、研判和应急处置能力。加强智能家电家居、智能汽车、智能机器人、智能可穿戴设备等热点细分领域的网络、软硬件、数据、系统、测试等标准化工作。

2. 信息安全保障体系建设

加强智能基础设施的网络保障,实行网络基础设施与安全保密设施同步规划、同步建设、同步使用。加强政务云计算服务网络的管理,加大党政机关重要信息系统、基础信息网络以及涉及国计民生的重要应用系统的信息安全防护,加快完善网络安全保障及应急防控体系。组织开展工业企业信息安全保障试点示范,支持系统仿真测试、评估验证等关键共性技术平台建设,推动访问控制、追踪溯源、商业信息及隐私保护等核心技术产品产业化。

3. 信息安全监管制度建设

加快探索数字经济和智能服务领域的信息安全管理机制、路径,提高风险隐患发现、突发事件处置恢复、专业支撑服务能力。全面落实风险评估、等级保护、分级保护、应急管理等监管制度,重点保障网络安全、畅通、可靠和应急保障。

开展以协同合作、应急处置为主要内容的安全运营业务的预案设计和演练,从流程上确保安全运营执行能力的全面提升。组织数字经济、智能技术与实体经济融合的信息安全培训,培育信息安全专业技术服务队伍,增强信息安全意识。

(六)智能服务产业化发展的财政支持政策的优化和完善

智能服务产业作为经济社会发展的高端和战略性产业,需要得到政府的扶持和引导。进一步完善金融扶持政策,加大财税政策支持力度,拓宽融资渠道,降低融资成本,对于我国推进智能服务产业化发展具有重要的作用。

1. 加大财政支持智能服务产业发展的力度

逐步建立以政府投资为引导,以企业投资为主体,金融机构积极支持,民间资本广泛参与的创新型智能服务产业投融资模式,并通过合理方式授权企业参与运营和管理,形成可持续的商业模式,以加快智能服务产业化和市场化的推广应用。

2. 完善支持智能服务产业化发展的税收和金融政策

拓展金融支持渠道,鼓励建立各类智能服务发展基金,积极推进互联网金融交易和信息服务平台建设,有序发展基于互联网的供应链金融、众筹融资、金融云服务等新业务,加快培育大宗商品供应链金融、航运金融、航运保险等高端港航服务业。运用互联网、大数据、云计算等信息技术优化传统金融业务流程,促进基于金融大数据的信息消费和信用惠民服务业发展。

三、智能服务产业化发展的路径选择

智能服务产业化的一般路径有三条:第一条路径是把智能服务技术商业化和产业化;第二条路径是传统服务产业应用智能服务技术,促使服务产业智能化;第三条路径是通过把智能服务技术向第一产业和第二产业渗透和融合,注重赋予传统一、二产业智能服务的内涵,推动传统产业链的延伸与整合,推动传统一、二产业智能化发展。基于我国智能服务的产业链构成、产业链发展的关键环节、产业链培育模式视角,结合国外典型国家与地区智能服务产业化路径的经验总结,凝练出可供我国智能服务实现产业化的路径方案,根据我国智能服务发展的区域性与阶段性特点,选择出适合我国智能服务产业化发展的路径。

(一)基于推进智能装备产业高端化提升智能服务产业化发展的支撑能力

近年来,我国智能制造装备产业增长势头迅猛,已形成一定的规模。高端装备制造业是以高新技术为引领,处于价值链高端和产业链核心环节,决定着整个产业链综合竞争力的战略性新兴产业。因此,我国要立足产业优势和特色,重点聚焦新装备、新一代信息技术、新材料三大新兴产业,以研发能力提升为核心,以智能服务技术应用为抓手,引领和带动传统优势产业智能化改造,为智能服务产业化发展奠定基础。

1. 加快发展智能装备产业

装备产业是我国未来国家重点培育发展的七大战略性新兴产业之一,围绕智能服务产业化发展思路,顺应装备制造业高端化、智能化、服务化发展趋势,我国应高度重视智能制造装备产业的发展。智能装备产业是高端智能装备产业的核心,是制造装备的前沿和制造业的基础,已成为当今发达工业国家的竞争目标。

(1)加快发展机器人产业。国产机器人在关键技术和关键零件方面落后于西方,在关键零件上严重依赖进口,故中国机器人企业生产成本奇高。因此,我国应集聚中央、地方科研院所和高等院校高端生产要素,积极探索"研究院+基金+园区"产业孵化培育模式,着力集聚一批高层次创新人才,孵化培育一批关键零部件和系统集成骨干企业,共同攻克技术难关,重点攻克高精密减速器、高性能机器人专用伺服电机和驱动器、高速高性能控制器、传感器、末端执行器等核心零部件,突破关键机器人技术瓶颈,

全面提升专业技术水平和核心竞争力，最终实现核心零件的国产化替代。

（2）加快发展汽车及其关键零部件产业。进入 21 世纪以来，我国汽车产业发展迅猛，但是，在品牌含金量、核心技术、可持续发展能力等方面与发达国家仍存在一定的差距。因此，增强自主创新能力、提高核心竞争力是我国汽车产业未来持续稳定发展的关键。而促进汽车产业与新一代技术的深度融合是促进汽车及关键零部件产业快速发展的重要渠道。

高端装备制造产业是带动我国整个装备制造产业升级的重要引擎，也是战略性新兴产业发展的重要支撑。因此，我国应加大研发投入，鼓励企业加强产业核心、前沿技术研究，完善以企业为主体、市场为导向、政产学研用相结合的创新体系建设，大力推进关键工序"机器换人"，积极开展智能制造试点示范项目建设，持续提升企业生产制造过程自动化、柔性化、智能化水平，切实提高劳动生产率和产品质量，从而提升产品的国际竞争力。同时，我国政府要加强统筹规划和资源整合，加大财税支持力度，拓宽投融资渠道，积极引导行业龙头骨干企业围绕产业链和技术链开展兼并重组，培育单打冠军企业；支持龙头骨干企业提升设计研发和制造水平，加快完善"设计＋制造＋安装＋售后"集成总承包业务经营模式，形成若干高端装备具有国际竞争力的集团和一批具有竞争优势的专业化生产企业，建成若干产业链完善、创新能力强、特色鲜明的高端装备制造产业基地。

2. 加快发展新一代信息技术

我国新一代信息技术产业已形成了一定的发展能力，电子信息产品制造、信息网络、信息服务和软件产业的融合发展，极大地推动了云计算、物联网、移动互联网、新一代移动通信等新兴业态的发展，已成为我国智能服务产业化发展的技术支撑。

我国要把握新一代信息技术创新发展机遇，加强协同推进、开拓创新，按照围绕产业链部署技术链、围绕技术链完善资金链的发展思路，积极孵化培育面向虚拟现实（VR）、增强现实（AR）、人工智能（AI）等人机交互创业创新项目，培育智能终端产业。加快龙头企业培育，鼓励和支持龙头骨干企业开展行业资源整合，打造国际、国内品牌，通过重组、兼并、与国际国内战略投资者建立战略联盟等方式实现强强联合，开展产业链纵向一体化业务拓展。突破一批关键技术装备，强化行业系统解决方案支撑能力，推动数字化、网络化、智能化技术和智能装备在企业的全流程和全产业链的集成应用。

（二）基于推广新模式提升重点环节智能制造和智能服务水平

围绕研发、生产、经营、管理等产品制造生命周期的重点环节，加快推进互联网、大数据、云计算、人工智能等新一代信息技术和制造业融合程度深化，通过模式创新大力推进制造业企业重点环节智能化改造，提升智能制造和智能服务水平。

1. 推进研发设计数字化

研发设计处于工业产品生命周期的前端，决定着产品性能、质量和成本，影响着产品全生命周期的各环节。研发设计数字化是以研发设计技术为基础，充分融合数字化的技术手段和工具，实现研发、销售、生产、供应、仓储、财务、售后等业务的无缝集成；同时，研发设计数字化有助于推动网络化协同水平不断提高，通过建立集成、并行、虚拟、协同的产品研发开发网络，有效整合跨区域、跨企业、跨行业的研发设计资源，提高产品的研制创新能力和研发设计效率，较大幅度地缩短产品设计周期，降低产品开发成本，提高个性化产品开发能力，从而可提高智能服务能力。

2. 推进生产设备自动化

随着信息技术的快速发展，信息技术在企业研发、生产、经营、管理等环节的渗透不断加深，制造企业生产设备智能化改造步伐加快，努力在我国形成一批"机器换人"的标杆企业，促进制造业数字化、网络化、智能化水平进一步提高。

3. 推进企业管理信息化

企业管理信息化，是指在企业管理的各个活动环节中，充分利用现代信息技术建立信息网络系统，促使企业信息流、资金流、物流、人才流的集成和整合，为各管理决策层提供便捷、快速、及时的信息处理环境和有效的决策信息来源，从而使决策层可以科学决策，有利于企业生产要素优化配置，以使企业更好地适应瞬息万变的市场竞争环境，获得更多的经济效益。

针对企业从生产驱动的传统工业模式向消费需求驱动的新型生产组织模式转变的新态势，企业可采用基于消费者需求驱动的客户关系管理系统（CRM）、供应链管理系统（SCM）、企业资源计划系统（ERP）等企业管理系统的集成应用；供应链相关企业可通过基于互联网的管理系统协同、数据共享，促进企业间开展协同制造，实现智能管控。可见，企业管理信息化在集约化发展、精益化管理等方面起着重要的作用。可有效整合信息资源，梳理优化业务流程，有利于促进企业管理标准化、制度化、规范化水平持续稳步提升。

（三）基于推广智能制造集成应用提高产业智能服务水平

我国围绕重点领域建设一批智能工厂和数字化车间,针对不同行业特性,强化智能制造装备、系统和管理的集成应用,着力在有条件、有基础、有需求的企业建设一批"工厂物联网""数字化车间""智能工厂",推进智能制造集成应用,促进制造业企业生产制造模式转变,加快智能产品和自主可控的智能装备开发和服务产业化。

1. 建设一批"数字化车间"和"智能工厂"

离散型智能制造演化路径如图 6-3 所示,流程型智能制造演化路径如图6-4 所示。例如,潍柴动力、九江石化、海尔集团、蒙牛乳业、东莞劲胜等企业建成了一批智能工厂/数字化车间①,我国制造企业智能转型已初见成效。

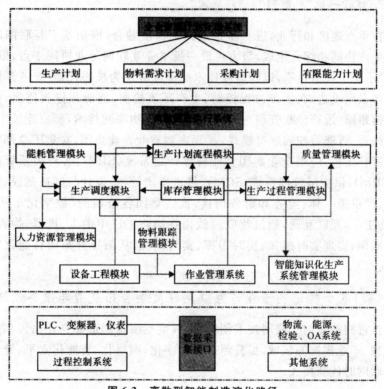

图 6-3　离散型智能制造演化路径

---

① 赛迪智库. 发挥协同效应,提升智能制造水平[N]. 中国证券报,2017-02-20.

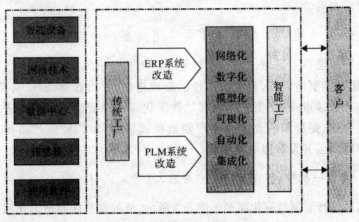

图 6-4　流程型智能制造演化路径

2. 建设一批"机联网"和"厂联网"

在重点地区和行业,进一步推进两化深度融合,推动基于互联网的全流程生产协同和综合集成,努力建设一批工业互联网行业协同平台,以"机联网"示范工程为抓手,以物联网技术的深度应用为核心,引导企业开展机器设备联网改造,在生产过程控制、生产环境检测、能源和排放监测、制造供应链跟踪、远程诊断管理与服务等环节应用物联网技术,形成连续生产、联网协同、智能管控的制造模式。[①] 面向制造业企业集团,在集团总部实施"厂联网"工程,应用企业集团企业资源计划系统(ERP)、客户关系管理系统(CRM)、供应链管理系统(SCM),推进集团管控、设计与制造集成、管控衔接、产供销一体、业务和财务衔接,推进集团各公司的"数字化车间"和"智能工厂"互联互通,通过物联网数据终端将工厂中的人、机器、物料、产品等联网,实现实时感知、实时指挥、实时监控,从而提升集团智能化管控水平。

(四)基于推进制造业与互联网深度融合拓展智能服务领域

推进制造业与互联网技术创新融合,重点围绕制造业企业销售和供应链管理、产业集群等领域,提升制造业数字化、网络化、智能化水平,着力培育互联网时代新模式。

---

① 浙江省人民政府关于建设信息化和工业化深度融合国家示范区的实施意见[N].浙江省人民政府公报,2014-06-26.

1. 推进网络营销创新

随着移动互联网和智能化、多媒体的终端设备的迅猛发展,网络营销日益增多,并成为未来发展的趋势。与传统营销模式相比,网络营销具有覆盖范围广、交互性强、信息多元化等特点,而且由于互联网本身所具有的开放性、全球性、低成本、高效率等特点,网络营销的优势则更为明显。因此,我国要进一步深化制造企业"电商换市",鼓励制造企业利用互联网改革传统营销渠道和营销模式,支持企业利用互联网采集并对接用户个性化需求,促进供给与需求精准匹配,积极培育制造业企业电商新模式。

2. 发展互联网协同制造

网络协同制造演化路径如图 6-5 所示。通过加快推动云计算、物联网、智能工业机器人等技术在生产过程中的应用,鼓励制造业骨干企业通过互联网与产业链各环节紧密协同,可以提升网络化协同制造水平,促进研发设计、智能装备、生产制造、检验验证、经营管理、市场营销等环节的无缝衔接和综合集成,实现产品研发设计工具、生产设备及零部件等资源共享,推进制造业产业集群制造资源在线化、产能柔性化、产业链协同化,打造智慧集群。通过推进企业间研发设计、客户关系管理、供应链管理和营销服务等系统的横向集成,可以提升产业链上下游企业间设计、制造、商务和资源协同能力。通过鼓励有实力的互联网企业构建网络化协同制造公共服务平台,可以推行众包设计研发和网络化制造等新模式,加快全社会多元化制造资源的有效协同,提高产业链资源整合能力。

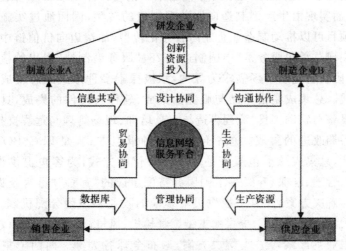

图 6-5　网络协同制造演化路径

（五）基于培育新业态推进制造业服务化和智能化

鼓励制造企业利用物联网、云计算、大数据等技术，推进制造业与互联网深度融合，引导有条件、有基础的企业，加大研发投入，创新商业模式，加快促进互联网广泛融入产品生产全生命周期、全产业链，配套发展一批生产性服务业，积极培育服务型制造新业态，支持企业积极向服务型和智能型转型（图6-6）。

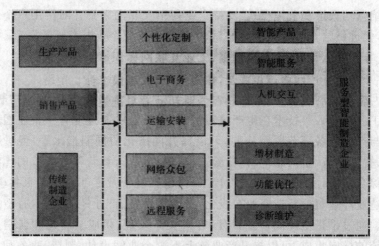

图6-6 服务型制造演化路线

1. 总集成总承包服务

总集成总承包服务，是引导企业由单一销售产品向项目综合运行维护扩展，从而实现由生产型制造向服务型制造的转型，因而通过实施总集成总承包项目可以推动制造业企业向服务化转型，加快迈向价值链中高端水平。总集成总承包服务是《中国制造2025》"服务型制造"提出的核心模式之一，我国政府应以市场需求为导向，积极探索多种形式的总集成总承包业务模式。总集成是指产品与服务的集成、软件与硬件的集成，具体还包括主题设备与辅助工具、流程再造与人员培训、现场管理与远程支持、前期调试与后期改进的集成。总承包包括多种承包方式，如EPC、BOT、BOO等。因此，总集成总承包服务是运用模块化的方式，为客户提供设计、制造、融资、管理、维保、升级等不同服务搭配组成的"套餐""量身定做"的个性化整体解决方案，并且可提供灵活多样的收益和风险分配机制。例如，美国通用电气集团（GE）提供的重型燃气轮机、风机、电厂控制、油气管线设施以及工业生产线等各类解决方案，遍布全球各大洲。西门子集团公司（Siemens）依托集成自动化软件平台"TIA博途"，提出了"全集成启动系统"，包括机械和电气的横向集成，传动、控制到制造执行系统的纵向集成，以及产品全生命周期管理的集成，业务遍及全球 200 多个国家。可见，我国可依托总集成总承包服务模式，以提供系统集成服务为主，根据客户需求进行系统设计和工业流程再造，提供软硬结合、管控一体的成套装备及完整解决方案等，重塑产业竞争优势，提升智能服务国际竞争力。

2. 大规模个性化定制

随着工业云计算、工业大数据、工业互联网标识解析等技术的发展，柔性大规模个性化生产线将逐步普及，按需生产、大规模个性化定制将成为常态。例如，卡特彼勒公司（Caterpillar）在能源和动力系统领域，专注于提供定制化的解决方案，客户可以主动参与定制设计，满足特定的应用需求，并获得传统分期付款、租赁、库存融资、供应链融资抵押贷款等个性化的金融服务。我国政府要积极引导和支持企业利用互联网采集并对接用户个性化需求，推进设计研发、生产制造和供应链管理等关键环节的柔性化改造，开展基于个性化产品的服务模式和商业模式创新。例如，面向家用电器、纺织服装、灯具、智能终端产品等消费品行业，依托电子商务平台，引导企业开展有关基于消费者需求动态感知的研发设计、柔性制造、高效物流配送和售后服务，推动龙头企业和电商平台建设行业性、细分市场型用户个性化需求信息平台和个性化定制服务平台，推广用户驱动生产（C2B）商业模式。通过构建用户个性化需求信息平台和个性化定制服务平台，采集数据，实现模块化设计和模块化制造，提高企业快速、低成本满足用户个性化需求的能力，如图 6-7 所示。

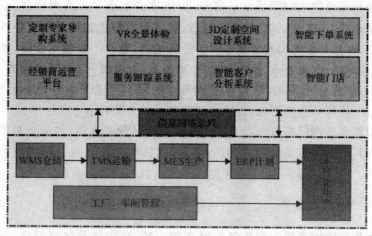

图 6-7　个性化制造演化路径

3. 工业云制造服务

工业云是一种新型的网络化制造服务模式,以公共服务平台为载体,通过虚拟化、服务化和协同化汇聚分布、异构的制造资源和制造能力,在制造全生命周期各个阶段根据用户需求提供优质、及时、低成本的服务,实现制造需求和社会化制造资源的高质高效对接。因此,工业云制造服务平台涵盖了产品研发设计、生产、管理、销售等全生命周期制造资源和制造能力,为企业提供了一种全新的产业生态环境。我国应积极推进工业云平台建设,鼓励软件服务、制造资源、标准知识的开放共享,培育社会化、共享式制造模式;支持和鼓励行业骨干企业应用云计算技术构建新型研发、生产、管理和服务模式,运用大数据技术实现生产工艺提升、过程控制优化;在工业机器人、电子信息等数据密集型企业,支持制造业企业联合第三方大数据服务企业,建设面向全产业链的大数据资源整合和分析平台,形成一批工业大数据行业平台,通过对现有网络化制造与服务技术延伸和变革,将制造资源和制造能力虚拟化、服务化和统一管理经营,实现共享和协同的智慧服务,从而推动企业智能服务能力提升。

4. 电子商务

基于以生产要素为主的商务成本逐年攀升的背景,企业可借助电子商务降低交易成本、提升贸易便利化水平,构筑新的国际竞争优势。以浙江为例,在塑料制品、家用电器产业,可通过强化制造业与电子商务的融合发展,推进浙江塑料城网上交易市场、中塑在线省级服务平台建设,大力发展面向塑料行业的大宗商品电子商务,加快推进本地平台管理运营、业务模式创新;在家用电器、机械五金、裘皮服装、灯具等行业,通过大力推进阳明电子商务产业园、文山电子商务产业园等电子商务产业载体建设,集聚一批第三方电子商务企业和服务机构,完善支付、配送、代运营等服务,支撑制造业企业拓展网络销售市场;支持有条件的工业企业优化配置研发、设计、生产、物流等优势资源,自建电商平台开展全流程电子商务。

中国义乌国际商贸城和海宁皮革城等典型案例表明,基于企业贸易便利化的跨境电子商务的模式创新和制度安排给义乌和海宁经济带来了重要作用。以义乌而言,电子商务促进了义乌对外贸易的发展。

5. 远程运维服务

远程运维服务作为智能制造模式的一种,是主动预防型运维、全生命周期运维和集成系统运维在集中化、共享化、智慧化趋势下的集中体现。

在石化化工、钢铁、建材、机械、航空、家用电器、家居、医疗设备、信息通信产品、数字视听产品等领域,集成应用工业大数据分析、智能化软件、工业互联网联网、工业互联网 IPv6 地址等技术,建立远程运维平台,通过标准化信息采集与控制系统、自动化诊断系统、基于专家系统的故障 NN(神经网络)模型和故障索引知识库建设,构建产品全生命周期的质量管理和全供应链追溯系统。通过远程运维平台,企业可以实现数据采集、数据存储、数据分析,提供资产管理、装备(产品)运行状态监测、工作预警、故障诊断与自修复服务、健康状况监测、最优使用方案推送、虚拟设备维护方案制定与执行等在线增值服务。我国可以试点示范项目为抓手,积极推进并形成标准与模式进行复制推广。

四、智能服务产业化发展的支撑体系与政策建议

(一)智能服务产业化发展的培育机制构建

"智能服务"作为服务产业先进方向的最新形态,正在成为我国服务业转型的新方向、新趋势。"智能服务"是一种新的经济形态,是智能服务技术广泛应用于生产和服务各领域,实现智能化生产和服务、泛在化互联,提供个性化产品,最终表现为虚拟化企业的新的经济发展形态。后发企业可以开发出后发优势,进行跨越式发展,如阿里巴巴、华为、海尔、联想等典型企业,通过"智能技术＋服务""智能服务技术＋产业",让传统产业运用互联网思维改造自身企业的业务流程和商业模式,重塑企业的整个价值链,构建竞争新优势。

1. 智能服务技术＋传统产业转型升级的作用机制

我们可从微观、中观及宏观层面分析智能服务技术促进传统产业转型升级的作用机制。在微观层次,企业运用智能服务技术的前提是信息技术基础设施的建设和完善,而这有利于促进企业信息化水平提高、各环节间交易费用下降、诸要素的使用效率提升,从而使价值链获得重新构造。在中观层次,智能服务技术与生产制造技术的融合,有利于促进产业技术改革、产业效率提升和产业结构转型等。在宏观层次,国民经济各个领域应用智能服务技术,催生了大量的新组织、新业态、新产品、新商业模式,在生产力水平提升、经济结构优化、市场需求拓展等方面都会产生新的增长点。而上述三个层次效率的协同则是智能服务产业化可持续发展的重要驱动源。

2. 推进智能服务技术＋传统产业深度融合的实现路径

通过互联网、云计算、物联网等信息技术与各行业领域的深度融合,以智能服务技术为主攻方向实现资源整合与优势互补,促进智能服务企业竞争力提升。一是在传统制造业中引入互联网发展模式,通过融合质量提高,推动传统产业绩效的提升。二是通过推进与智能服务技术相配套的物联网、互联网销售平台、信息化决策咨询等生产性服务业的发展,推动智能服务企业竞争力提升。

我国企业要借鉴发达国家的成功经验,探索我国智能服务企业国际竞争力提升的路径,包括探讨电子商务环境下,引导国内企业"走出去",促进人才、技术、资本、服务、信息等创新要素的跨区域流动与共享的运营模式,研究基于"海外设计""海外营销"提升企业国际竞争力的策略,探究国内外企业基于电子商务下更广范围、更深层次展开合作的形式和途径。通过"国际化＋智能化＋模式创新",重塑我国企业的国际竞争新优势,并推动我国智能服务产业化发展。

（二）智能服务产业化发展的支撑体系

1. 智能服务产业化发展的政策支撑体系构建

尽管我国在智能服务产业发展的部分相关领域抢占了先机,但仍面临着一些问题,主要表现为:信息网络仍然存在公共基础设施定位不明确、城乡普及不平衡、技术和市场的不确定性、技术标准制定相对滞后、网络安全尚存在隐患等问题,而这些问题的解决离不开相关政策的支持。

（1）加强安全保障和监管力度。

（2）加快布局下一代互联网。

（3）建立人才政策支撑体系。

（4）建立金融政策支撑体系。基于浙江等地互联网金融快速发展的实践,我们要高度关注第三方支付、P2P借贷和众筹融资等互联网金融模式的特点、运作机制;既要充分发挥其对中小微企业发展的扶持作用,又要防范互联网金融的风险,并通过完善监管法律法规正确规范和引导,提高互联网金融的支持技术和系统的安全性。

（5）建立财税政策支撑体系。

2. 智能服务产业化发展的法律支撑体系构建

目前,我国主要有《专利法》《商标法》《著作权法》三部相关的知识产权法律,以及其他法律法规和相关规定,如《计算机软件保护条例》等。但关于智能服务技术的法律法规仍显不足,尤其是智能服务技术所涉及的知识产权保护、隐私保护和网络安全方面的法律法规相对缺乏和滞后。智能服务技术企业对于知识产权保护、隐私保护和网络安全方面的需求非常迫切,而且在产业化发展过程中,消费者保护方面的法律也亟待完善。

健全完善的知识产权法律制度,有利于激励创新主体研发智能服务技术的积极性,可有力地推动智能服务技术成果的转化和市场化。因此,我国应重视人工智能立法研究,为智能服务产业化发展提供法律支撑。

3. 制度、科研管理和政策措施的创新联动

我国应从制度创新、科研管理创新和政策措施创新的联动视角出发,探讨有针对性的对策建议。

(1)制度体制创新。进一步培育和完善平等竞争的投资环境,坚持产权明晰和平等保护物权,形成各种所有制经济平等竞争格局,鼓励和引导民营经济和民间资本健康发展;进一步健全现代市场体系,加快形成统一开放、竞争有序的现代市场体系,发挥市场在资源配置中的决定性作用,鼓励民间资本和民营经济进入智能服务产业,引导民营经济广泛应用智能服务技术改造提升服务产业,破除体制障碍,为智能服务产业化发展提供制度创新支持。

(2)科研管理创新。在信息化和全球化环境下,传统企业边界正被逐渐淡化,知识快速扩散,要素频繁流动,导致知识传播范围更大,再加上风险资本的介入等,使开放式创新成为可能。因此,我国应拓宽视野,树立和建立开放式创新理念和思维。在经济全球化背景下,若企业创新仅仅强调企业的自我创新,仅依靠自己的力量,则既可能导致企业因自身研发经费的不足,而致使新技术短缺,又可能因开发的技术与市场需求相脱离而被束之高阁。开放式创新作为当今的一种新的创新模式,将吸纳更多的创新要素,形成多主体创新模式,对优化我国科技资源配置,提高我国智能服务技术企业自主创新能力具有重要意义。

(3)政策措施创新。政策引导是我国智能服务产业化发展的必然要求。在中国这样一个经济发展水平总体大而不强、经济社会发展不平衡,又处于体制和发展方式双重转轨过程中的新兴市场经济大国,智能服务产业化的推进过程必须有政府政策的积极导向和调控,使之既遵循现代服务业发展的一般规律,又体现出我国经装备产业建设的投入力度,重视智能服务技术的商业化和市场化转换,研究和推广智能工厂、数字化车间和智能服务等新模式,积极引导和鼓励传统服务产业应用智能服务技术,分业

施策,分企推进,推进智能服务产业化发展。

2. 加强创新资源整合,突破智能服务产业关键核心技术

目前,我国在一些重要智能制造装备和智能服务技术中,尚未掌握系统设计与核心制造技术,如精密工作母机设计制造基础技术(设计过程智能化技术)等尚未实现国产化,严重依赖进口。例如,虽然我国机床产量占到全球总体的38%,但是高端数控机床大部分依赖于进口[①],90%的工业机器人、80%的集成电路芯片制造装备、40%的大型石化装备、70%的汽车制造关键设备、核电等重大工程的自动化成套控制系统及先进集约化农业装备无法自给,船舶电子产品本土化率不到10%。

因此,我国应加强创新资源整合,加快突破智能制造和智能服务的关键技术和核心部件。一是建设一批以智能服务产业创新中心为代表的产学研用联合体,推动物联网、大数据、人工智能、装备等不同领域企业紧密合作、协同创新,推动智能服务产业链各环节企业间的分工和协作,逐步形成以智能服务系统集成商为核心、各领域领先企业联合推进、一大批定位于细分领域的"专精特"企业深度参与的智能服务产业发展的生态体系。二是支持装备智能化升级和智能服务技术商业化和市场化,支持自动化企业、信息技术企业等通过业务升级,打通纵向集成,加速培育有行业、专业特色的智能服务系统解决方案供应商。

3. 加强多层次合作,创新共性关键智能技术供给体系模式

由于共性关键智能技术不仅具有准公共产品属性,而且具有易逝性、缄默性和复杂性,多数中小企业不仅无力识别、研发,还容易使率先创新的企业因激励机制扭曲(如搭便车)而放弃创新努力,由此构成的"囚徒困境"容易导致市场与组织的"双重失灵",使其供给严重不足。因此,我国可采取下列三种模式。

(1)以政府为载体的研发供给。成立国家级和省级智能技术研究院,承担基础性重大关键性技术的研发。政企间协作共同成立共性技术研发基金,为关键技术创新提供资金支持。

(2)以产学研为平台的供给体系。产、学、研这三类主体针对某一共性技术建立研发联盟实现优势资源协同互补,这不仅能实现人才的柔性流动,使研发效率提升,还能更好地把握技术先进程度与成本的适当平衡点,

---

① 刘星星.智能制造的发展:现状、问题及对策研究[J].齐齐哈尔大学学报(哲学社会科学版),2016(7):66-68.

提高研发与市场需求的吻合度,促进智能服务技术成果商业化、市场化和产业化。

（3）企业间战略合作的研发供给。"风险共担、收益共享"的协同攻关机制可增强企业间默会知识与信息的溢出效应,使其"干中学"绩效优化,同时多家企业在"试错"上的分工协作可使智能服务技术成果转化为生产力的效率提升。因此,企业之间研发的战略合作,可集聚创新资源、整合研发力量,在智能服务技术设计研发、工艺改进、市场开发等方面协同创新,合作企业既分担了研发风险,又提高了智能服务技术的创新能力,而且还加快了智能服务技术在企业的应用,从而推动了传统企业的智能化改造。

4. 鼓励跨界融合创新,探索推广智能服务产业化发展新模式

积极引导一、二、三产企业与互联网企业、信息技术服务企业跨界合作,促进物联网、大数据、人工智能等在生产链各环节的广泛应用,探索推广产业智能化和智能服务技术产业化的新业态、新模式。面向机械五金、家用电器、电子信息、塑料模具等离散制造领域和化纤纺织、医药化工、精细化工等流程领域,紧扣关键工序智能化、生产过程智能优化控制、供应链及能源管理优化,建设智能工厂和数字化车间,实施推广离散、流程行业智能制造模式。面向服装、家电、厨卫等终端消费品以及汽车、机床、船舶、电梯等装备制造业领域,支持企业建立网络化开放式个性化定制平台,采集用户个性化需求,建立柔性化的生产组织和柔性化的供应链管理,推动重点产品数据库开放共享,发展动态感知,实施响应消费需求的大规模个性化定制智能制造模式。鼓励制造业骨干企业通过互联网与产业链各环节紧密协同,探索建立基于网络的协同研发、协同生产、协同营销的新型组织体系。

5. 完善人才引育体系,增强智能服务产业人才有效供给

随着我国智能服务产业化发展,具备操控智能技术技能的现代化产业工人的结构性缺失问题将日益严重,因此,完善人才引进、培育体系,保障智能服务产业发展的人才资源的有效供给日趋重要。我国应进一步研究完善"外引内育"的人力资源供给机制,积极利用"乌镇峰会""机器人峰会"等平台的知名度,发挥现有行业领军人才的影响力优势等,优化人才引进的激励机制和人才服务配(套)体系,加快引进一批国内外有较强影响力的领军人才和拔尖团队。建议重点实施国外智力引进工程。通过持股、技术入股、高薪、住房、医疗、子女入学等政策措施①,积极对接发达国家重点产业园区,对于重点企业和重大项目所需引进的技能人才给予适当补贴。

同时,我国应进一步优化人才培养机制,实施企业家素质提升工程,利用 MBA 研修班、企业家培训班、优秀企业考察等方式,持续提高企业家经营管理水平。加强专业技能人才队伍建设,建立和完善政府统筹、行业指导、企业和培训机构自主组织培训的运行机制。通过委托培养、专业培训、干中学等壮大紧缺专业人才和高技能人才队伍,为智能服务产业化长远发展储备后备力量。

6. 优化政策引导方式,推动智能服务产业化发展

针对智能服务相关装备投入成本高、回报周期长、产品市场应用推广难等问题,要创新财税金融支持方式,推动服务业向智能服务业转型。

(1)创新金融支持方式。鼓励金融机构围绕智能制造装备与智能服务技术应用重点领域特点,开发适用于智能制造和智能服务领域的金融产品,同时引导融资租赁公司加大融资服务力度,企业可通过融资租赁方式加快智能化生产装备改造升级。将融资租赁服务纳入各级政府购买服务目录,在提供公共服务、推进基础设施建设和运营中购买融资租赁服务。

(2)加大对国产装备应用的支持力度,在政府投资项目、国有投资项目招标以及政府采购领域加强对智能化首台(套)装备产品的倾斜力度,提高首台(套)产品采购比例;将符合条件的智能制造装备增补到《首台(套)重大技术装备推广应用指导目录》中,纳入首台(套)重大技术装备保险补偿机制试点范围。

(3)完善税收政策。进一步加强专项建设基金等现有资金支持力度,对企业推进产业智能化改造、智能服务技术研发、智能服务技术商业化和产业化等优先给予重点支持;对智能装备企业自主开发嵌入式软件的增值税给予即征即退政策,鼓励装备类企业开展软件自主研发,提高企业核心竞争力。

7. 加大政策扶持力度,加快推进智能服务基础设施建设

(1)加强信息网络基础设施建设。我国应加强政策研究,把握"云-端-网"一体化发展趋势,通过专项资金、政府补贴、公私合作(PPP)等,深入推进光网城市、无线城市工程;加快推进重点产业平台(园区)的光纤网、移动通信网和无线局域网的部署和优化,实现制造业企业信息网络宽带升级;

---

① 郭锦辉. 从六方面扶持智能制造的发展[N]. 中国经济时报,2016-02-24.

加大物联网技术在工业生产中的应用,引导企业开展工业互联网、信息物理系统等技术标准的研制、评估、试点,探索建设机联网、厂联网,构筑泛在化、融合化、安全化的促进智能服务产业化发展的网络基础设施。

(2)推进云平台建设。在公共服务领域,由政府主导,整合公共资源,建立为公民和企业的直接需求提供云服务的创新型服务平台;在工业云服务领域,由龙头企业、产业技术研究院、行业组织等主体牵头,组织产业链、创新链上相关企业、高校、科研院所等机构,成立以企业为主体、多种形式的行业云。支持有条件的骨干企业,积极利用云计算、实时商业分析、大数据管理等多项技术,建立企业私有云。

(3)构建信息安全体系。重视信息网络基础设施安全防护和用户个人信息保护,加强安全技术研究,全力突破适用于智能服务产业化发展的安全防护、安全监测等关键技术,提升智能服务产业网络安全防护、应急、态势感知等能力;构建覆盖智能服务产业的研发设计、生产、运维等产品全生命周期的安全保障技术体系,完善网络数据共享、利用等的安全管理制度和支撑智能服务产业发展的关键网络基础设施保护方案,为推进智能服务产业化发展提供安全的网络基础设施。

第七章　数字经济下我国产业转型升级的案例

数字经济已成为我国的重要战略发展方向,也被视为经济增长的新引擎,为我国产业转型升级提供了发展新思路和新方法。本章主要阐述当前时期我国在农业、工业和服务业等领域的产业转型升级案例。

第一节　农业数字化转型的典型案例

数字农业的目的是为发展现代农业和提高农业发展效益,解决现有农业生产中存在的各种供求矛盾。具体来说,数字农业是利用现代计算机技术和互联网手段与平台,定量数字化模拟、加工与决策,使得农作物生长与产供销全过程智能化、数字化和信息化。显然,数字农业是我国农业未来发展的主要方向,也是实现农业现代化的重要举措。为支持数字农业概念落地,我国先后在多个现代农业政策中提及数字农业的推广。随着物联网技术日趋成熟,以及远程监控、无线传感器监测等不断发展,智慧农业的建设步伐将加快,帮助农业生产更加快捷、有效。

目前,数字农业在农业领域的应用主要集中在食品溯源、生产环境监测和农业精细化管理等方面。物联网技术在农业领域的应用已经取得明显成效,涌现出一批比较成熟的软硬件产品和应用模式,试验示范出一批先进适用的传感器设备、一批配套的应用软件、一批成熟的技术应用模式、一批可行的市场化解决方案,为粮食增产、农业增效、农民增收以及解放和发展农村生产力、促进农业可持续发展发挥了先导示范作用。

一、"互联网+农业"大数据应用公共服务平台解决方法

福建新东网科技有限公司(以下简称"新东网")成立于2001年,经营范围涉及计算机的软硬件开发及系统集成、电子产品、互联网技术的开发,主要致力于为行业用户提供"互联网+"整体解决方案和服务。2016年,新东网为武汉市建设的"互联网+农业"大数据应用公共服务平台,以武汉市现有农业信息化系统为基础,通过农业信息集中整合、分类存储进行数据挖掘、分析工作,构建农业大数据中心,并对数据资源进行常态化管理维

护,为武汉市农业生产、经营、管理、舆论导向等提供了有效的数据支撑。

二、以大数据技术为支撑的智慧农业信息综合服务平台

新疆劳道农业科技有限公司(以下简称"劳道农业")成立于 2014 年,是一家互联网农业服务公司。劳道农业 2016 年推出的智慧农业信息综合服务平台,采用"线上互联网平台＋线下连锁智能门店网点"的 O2O 销售模式,以 IT 农业信息服务和金融服务为特点,以线下覆盖网络为支撑,利用"微利经营策略"和"现代金融工具"两大优势,快速整合线下农资流通和农产品流通,通过盘活流量提升获利能力,再反补大数据研发、平台建设和农业链建设,最终实现线上与线下的优势互补。信息化的管理可降低实体店铺的管理投入和运营成本,为实体店铺提供最为优化的进货量,可降低实体店铺的管理投入和运营成本,为实体店铺提供储存建议、产品运输建议、农户潜在购买力、市场大数据平台的订单式融资,还可以引导更多的金融资本进入,使农业生产经营者实现资金流的畅通,从而更好地保证了行业的有序,生产者可以通过平台了解农资价格和农产品销售价格,避免损失。

三、智慧畜牧业电商大数据平台

城云科技(杭州)有限公司成立于 2012 年,是一家专注于云计算和大数据行业的高科技企业,主要致力于为用户提供云服务运营和行业解决方案。该公司 2016 年推出的智慧畜牧业电商大数据平台是在已有城云大数据平台的基础上以"互联网＋农业"为理念开发出的新型电商平台。智慧畜牧业电商大数据平台在加速畜牧业乃至农业信息传播和共享、丰富畜牧业农产品营销渠道、降低流通成本、保障产品安全等方面起到了应用示范作用。平台的实施有利于推动传统畜牧业向信息化畜牧业的产业升级。

第二节 工业数字化转型的典型案例

钢铁行业、汽车行业、水泥行业这三大产业的发展和转型升级问题在我国传统产业转型升级中具有很强的代表性。钢铁行业是传统的重型工业,与能源消耗和环境污染关系密切;汽车产业作为装备制造业,与市场结合紧密;水泥是经济社会建设重要的基础物资,是预拌混凝土、混凝土预制件等生产所需的标准化原料,其质量性能关乎建设工程的质量安全。本节以以上三大行业为例,对我国重点工业的转型升级问题进行分析。

一、钢铁行业的转型升级

钢铁行业是国民经济重要的基础产业,具有重要的战略地位,产业关联度极高,对其他行业具有较强的拉动作用。近年来,我国钢铁行业取得了巨大进步,已成为钢铁大国,并建成全球产业链最完整的钢铁行业体系,国际竞争力不断提高,但是我国钢铁行业的发展仍存在着许多问题,如产能过剩矛盾突出、创新发展能力不足、环境能源约束不断增强、企业经营持续困难等。

(一)钢铁行业的产业政策发展

我国之所以可以成为钢铁大国,与我国的产业政策是密不可分的,产业政策发挥了关键性的作用。

新中国成立初期,我国集中力量发展重工业,其中非常重要的一项任务就是发展钢铁行业,如强调"以钢为纲",将粗钢产量的目标定为赶超英美。我国提出中央和地方都要发展钢铁,沿海和内地都要建钢厂,不仅建设大型钢厂,也要建立中小型钢厂,建成了鞍钢、武钢、包钢,形成了"三大、五中、十小"企业格局。

改革开放初期,我国集中力量建设大型钢铁企业,对大型钢铁企业进行技术改造和升级,开始引进外资和先进技术,提升生产工艺和效率。随着我国成为世界钢铁大国,国家加强了对钢铁投资的控制,以防止钢铁产能过剩,如1999年,国家经贸委发布了《关于做好钢铁总量控制工作的通知》,要求3年内不再批准新建炼钢、炼铁和轧钢项目。在政府的预防和治理下,钢铁行业的过度投资基本上得到了缓解。

2000年之后,钢铁行业政策的重点逐步转向促进钢铁行业做强,政策手段是政府干预与市场调控相结合。针对投资过热现象,国家出台多项政策,如国务院办公厅发文,即《国务院办公厅转发发展改革委等部门关于制止钢铁电解铝水泥行业盲目投资若干意见的通知》(国办发〔2003〕103号),要求各地运用多种手段,迅速遏制盲目投资、低水平重复建设的势头。与此同时,国家加强了处罚力度,如2004年曾引起较大关注的钢本事件。

2005年,国家发改委出台了《钢铁产业发展政策》(发改委令35号),这是首次以产业政策的形式对该产业的生产和投资进行指导。之后,我国出台的主要政策有:2006年的《关于钢铁工业控制总量淘汰落后加快结构调整的通知》(发改工业〔2006〕1084号)、《国务院关于加快推进产能过剩行业结构调整的通知》(国发〔2006〕11号)等。

2008 年国际金融危机爆发,我国为了保经济增长的目标,推出了 4 万亿元投资计划及配套政策。为保证钢铁行业平稳运行,出台了《钢铁产业调整和振兴规划》,规划的目标是总量恢复到合理水平、淘汰落后产能有新突破、联合重组取得重大进展、技术进步取得较大提升、节能减排取得明显成效。之后,2010 年发布《钢铁行业生产经营规范条件》、2011 年发布《钢铁工业"十二五"规划》等。

新时期以来,我国钢铁行业政策的侧重点为规范企业发展、化解过剩产能、强化环保约束等。为加强钢铁行业管理,规范现有钢铁企业生产经营秩序,2012 年对《钢铁行业规范条件》进行修订,到 2014 年,工信部公布了 305 家规范企业名单。2013 年,《国务院关于化解产能严重过剩矛盾的指导意见》(国发〔2013〕41 号)提出压缩 2015 年底前再淘汰炼铁 1500 万吨、炼钢 1500 万吨。《钢铁行业规范条件(2015 年修订)》提出了要严格控制新增钢铁产能。

近年来,为更好地引导钢铁行业化解过剩产能,国家、各地方政府纷纷出台文件,明确了去产能的目标、时间表和路线图。2016 年 2 月,国务院发布了《关于钢铁业化解过剩产能实现脱困发展的意见》(国发〔2016〕6 号)。为进一步强化政策的引导作用,财政部、国家税务总局、中国人民银行、国土资源部、人力资源和社会保障部等部门相继发布了职工安置、环保、安全等 8 个配套文件,如《关于支持钢铁煤炭行业化解过剩产能实现脱困发展的意见》(安监总管〔2016〕38 号)、《关于在化解钢铁煤炭行业过剩产能实现脱困发展过程中做好职工安置工作的意见》(人社部发〔2016〕32 号)等。

新中国成立以来,我国钢铁行业的快速发展与国家产业政策是密不可分的。我国产业政策的长期目标是我国钢铁行业具有国际竞争力。在我国钢铁行业政策中,既有长期目标,也有短期目标,应将长期目标和短期目标相结合。

通过对不同时期钢铁行业政策进行对比发现,我国钢铁行业政策正在从选择性政策向功能性政策转变,具体的政策措施变得多样化,逐步与新的经济发展阶段相适应。市场调控手段逐步加强,控制、规范、完善和引导一直是主要的手段,控制是控制总量、淘汰落后产能等,规范是规范企业的经营行为,完善是制定节能减排的目标、制定清洁生产评价指标体系、制定产能退出相关规定等,引导是引导企业绿色发展、促进国有企业改革等。

当前,我国钢铁行业政策手段仍主要以规范、完善和引导为主。我国钢铁行业政策主要是以化解过剩产能为主,控制产能、产量一直是我国钢铁行业政策的主要手段。现在,更加注重产品质量、技术创新,通过优化产业布局、促进兼并重组等方式,促进钢铁行业转型升级。产业政策更加强调发挥市场资源配置作用,提升产业发展的质量效益。这也可以从我国钢铁工业调整升级规划看出,当中所提到的目标包括产业规模、产业结构、产业效率、节能减排和科技创新。

我国经济发展进入新常态,我国经济已由高速增长阶段转向高质量发展阶段,正处在转变发展方式、优化经济结构、转换增长动力的关键时期。党的十九大报告提出,中国特色社会主义进入了新时代。钢铁行业的发展也要适应新时代发展的需要,钢铁行业政策应更好地发挥引导作用,准确把握产业未来发展方向,适时调整政策措施。

(二)钢铁行业发展面临的主要问题

虽然我国钢铁行业结构调整取得了一定的成效,在 2016 年整个产业的经营实现了扭亏为盈,但产业发展仍面临着许多困难,如产能过剩矛盾依然较为严峻、自主创新能力有待进一步提升、贸易摩擦不断发生等。

从产能情况来看,钢铁行业的产能过剩矛盾依然比较严重。我国钢铁行业的产能过剩已经由区域性、结构性过剩逐步演变为绝对过剩。我国钢铁行业去产能的任务依然较为艰巨。国务院发布的《国务院关于钢铁行业化解过剩产能实现脱困发展的意见》提出,2016—2020 年化解粗钢产能 1 亿~1.5 亿吨。化解产能任务依然非常重。

从管理水平来看,能源管理水平亟待提高。我国钢铁行业的整个节能管理的体制和机制不完善。当前,我国的能源价格没有反映出资源稀缺的程度和环境代价,有利于节能的财政、税收、金融等配套政策还不完善,相关法律法规不健全,基于市场的激励和约束机制还没有形成。我国钢铁企业数量众多,既有先进的企业,但同时也存在管理水平相对落后的钢铁企业,这些企业对节能工作的重视程度仍需提高,许多企业仍未建立起真正意义上的能源管理体系,能源计量器具配备率普遍不足。

(三)推动钢铁行业转型升级的建议

2018 年全球钢铁需求量增长 0.9%,达到 15.49 亿吨,这为我国钢铁行业发展带来较大的机遇。我国经济发展进入新常态,尽管经济面临下行压力,但仍存在着巨大的潜在需求。所以,我国钢铁行业仍需加快转型升级的步伐,提升我国钢铁产品的国际竞争力。

1. 提高自主创新能力

很长一段时间以来,我国钢铁行业创新发展主要是以跟随创新为主,经过几十年的发展,当前的技术水平已经较为先进。但目前钢铁行业仍存在自主创新能力较弱、协同创新不足等问题,今后仍需加大自主创新能力。所以,应在充分整合现有科技资源的基础上,强化企业的创新主体地位,实施产学研用相结合,鼓励企业与科研院校、设计单位和下游用户协同创新,加强创新平台建设,完善创新体系。加快丰富标准、工艺向高端化发展,以标准引领钢铁企业的转型升级。

2. 积极推动"绿色＋智能"制造

未来钢铁行业的发展方向就是绿色化、智能化。钢铁行业发展智能制造是促进该产业提质增效、提高有效供给水平的重要途径。应积极发展流程型智能制造、网络协同制造、大规模个性化定制、远程运维等智能制造新模式,强化产品的全生命周期管理,提高产品的稳定性,满足客户的多样化需求。

习近平总书记多次强调要把生态环境保护放在更加突出位置。新修订的环境保护税法 2018 年已正式实施,除二氧化硫、氮氧化物、化学需氧量、氨氮及五项主要重金属外,其他大气和废水的污染物收税标准大幅度提高,且将不符合处置规范的固体废物也纳入了收税范围。所以,钢铁行业应大力加强节能减排,提高环保设备的利用水平,加快构建绿色发展体系。全面推进钢铁企业能源管理体系建设,实现能源循环利用,切实提高企业能源利用效率。

3. 推进企业管理转型

创新管理体制可以提高企业核心竞争力。我国钢铁企业同样面临着优化管理、提质增效的问题。钢铁企业应优化内部管理流程,调整和协调内部各个部门之间的职责分工,提高企业管理效率,通过企业内部改革,创新管理制度,进而提高产品质量。

4. 继续优化产业布局

考虑到我国一批重大沿海基地项目已经建成投产和启动实施,同时目前京津冀、长三角等钢铁产能集聚区,产能规模大、环境承载能力已达到极限,尽量减少这些地区钢铁产能布局。对于部分区域的钢铁企业,可以实施减量布局,通过对部分企业的整合,达到减少产能的目的。对于城市钢厂,根据钢企的位置、环境容量等问题,确定不同的出路,一些不适合搬迁的,可以实施"产城共融"战略,确实需要搬迁的,要谨慎选择搬迁地点,减量搬迁。

5. 积极向服务型制造转型

服务型制造是全球制造业发展的基本趋势。随着制造强国建设的深入推进,对钢材品种、质量和服务需求将不断升级,单纯的产品难以满足用户的需求。所以,钢铁企业应在早期介入用户需求、后期跟踪改进等,主动增加服务,积极向服务商转变,由单纯的提供产品向提供"产品+一揽子解决方案""产品+服务"转变,提高产品的价值。

(四)钢铁行业的数字化转型升级举措

1. 大数据在钢铁行业营销中的应用

(1)大数据推动"互联网+钢铁"营销渠道融合

钢铁行业转型升级,调整销售渠道是一个重要方向,多数企业在兼顾传统的贸易模式的基础上,会更加重视目前发展较好的电商平台。目前来看,已经有很多钢铁企业都创立了自己的电商平台,借助这一平台来满足钢铁企业的原材料供应、板材加工和物流配送的一站式服务,扩大销售渠道,加大在石油、化工等重点领域的投入,并进一步发展新兴领域。另外,在钢铁行业数字化转型中,应更加重视节能环保方面,同时结合金融创新,利用大数据和云计算等新技术,推动行业数字化转型升级。

在互联网基础上,运用大数据技术,创立新型公司,建立综合性服务平台,逐渐形成以钢铁制造为主,电商和信息产业为辅的战略局面。大数据平台的创立有助于钢铁行业的顺利转型升级,同时也是达到制造业现代化的重要途径。大数据平台包括交易量、供应商及上下游客户等数据,企业还可根据需要购买部分数据。

大数据平台的建立需要不断地完善,其涵盖的数据量越大,发挥的价值才越大。钢铁企业的数据来源十分有限,涵盖的数据量较少。可以考虑从第三方电商平台获取数据。利用大数据平台,收集不同区域的钢铁价格,进而帮助企业合理定价和订货,这是大数据平台最基本的功能。针对不同区域竞争对手存货的变化情况,对不同客户采购产品、数量、频次进行研究,以科学制定企业自身的采购计划,利用大数据可以更深入分析采购信息,同时指导钢铁企业编制生产计划更有针对性和连续性。

(2)电商平台建设

建立钢铁行业电商大数据中心,需要涵盖的数据包括交易、采购、仓储、供应链、物流、财务结算等,通过对这些方面的数据进行分析、处理,统一数据口径,才能建立起安全、准确、可靠的电商大数据中心。大数据中心可以存储结构化数据、半结构化数据和非结构化数据,能够综合线上线下的实时数据,保证数据的准确性。借助实时同步技术,保证大数据中心数据的及时更新,完成动态处理数据,保证数据的及时性和全面性。

借助电商大数据中心,能够实现线上客户交易行为数据和线下购买数据两者的互联互通,同时提高线上与线下交易。钢铁企业应通过与大数据技术公司合作,利用大数据技术,对网络上客户浏览痕迹进行分析,从而分析出客户的需求,为管理者进行相关决策提供有力依据。

2. 大数据在钢铁行业管理中的应用

大数据在钢铁行业管理中的应用具体包括如下几点:

第一,把大数据全面引入传统行业,并对不同项目进行深入研究,实现管理体制的创新,合理控制资源分配,减少不必要的资源投入,从而有效提高资源利用率和管理效益。

第二,通过大数据分析来挖掘市场机会和营销潜能,分析其商业价值,创新商业模式,实现与宏观经济发展趋势保持一致,满足经济变化对钢铁行业所提出的要求,从内外两方面保证资源利用的最大化,提高资源利用效率,从而推动行业改变过去的困境。

第三,从大数据应用和管理变革两方面共同着手,来制定钢铁行业的转型方案,使行业管理更加趋于数据化、自动化和流程化,将管理过程中可能涉及的人为和主观因素都尽可能地减少到最低,实现科学、准确和客观的行业管理。对管理模式进行革新能够逐渐提升钢铁行业的经济效益。

第四,将大数据和钢铁行业管理充分结合,推进企业远程管理和监控,使全行业运行处于可控状态,实现钢铁行业管理的统一和协同,同时数据具有流动性和完整性,可以使各钢铁企业在经营上保持灵活性。

3. 大数据助力化解钢铁行业过剩产能,推进供给侧改革

近年,国内经济下行压力大、出口贸易摩擦加剧,钢铁市场需求不振。钢铁行业作为国家供给侧改革的重点推进领域,根据国务院压缩产能要求,全行业在 5 年内继续压减 1 亿~1.5 亿吨产能,相当于目前总产能的1/10,行业产能压缩任务严重,脱困压力较大。

面对目前的困境,钢铁行业必须充分利用大数据、云计算等高新技术,同时依靠电子商务营销,减少成本,提高销售额,推动加速"互联网＋钢铁"的转型升级。一方面,互联网提高了钢铁行业经营能力。网络数据包含的信息量十分巨大,供需双方信息对称度提高,这有助于钢铁企业进行合理资源配置,优化钢铁企业运作模式。另一方面,大数据、云计算等新兴技术助力钢铁行业智能化提升。智能化是未来中国制造的方向之一，钢铁业作为制造业的重点行业，将与互联网、物联网等技术相结合，提升钢铁行业的智能化水平。借助大数据，有针对性地推进钢铁行业供给侧改革。

二、汽车行业的转型升级

汽车行业是我国国民经济的支柱产业，产业关联度大、带动作用强。虽然我国已经迈入汽车大国之列，但是，我国本土汽车企业技术能力较弱，自主品牌产品绝大多数属于中低端，缺乏国际竞争优势。在我国经济进入增速换挡、结构升级和创新驱动的新常态的背景下，加快汽车产业转型升级是推动我国由汽车大国向汽车强国迈进的必由之路。

（一）我国汽车行业发展成就

自进入 21 世纪以来，我国汽车行业飞速增长，已成为国民经济支柱产业。2000—2016 年，我国汽车产量年均增长速度为 17.7%，其中，2009 年，我国汽车的产量和销量位居世界第一，首次成为汽车产销大国。2016 年，我国汽车产销总量再次创下历史新高，全年汽车产量和销量分别为 2811.9 万辆和 2802.8 万辆，同比分别增长 14.5% 和 13.7%，其中中国品牌汽车超过 1400 万辆。我国已经连续 8 年位居世界第一大汽车产销国。

我国汽车行业的自主创新取得了明显的进步，在传统汽车领域，我国已具备了一定的自主研发能力，在先进动力总成、动力电池及驱动电机、燃料电池动力系统和整车轻量化等关键技术领域不断取得突破，初步掌控了部分关键技术，对前沿技术也有所布局。在复杂交通环境感知、行驶目标识别、复杂车辆动力性建模、驾驶员特性建模、车辆控制算法等领域已取得了阶段性成果。许多汽车院校、产业基地、企业建立人才培养平台，如清华大学汽车工程系、北京理工大学机械与车辆学院、吉林大学汽车工程学院等，国家也设立有汽车安全与节能国家重点实验室、汽车噪声振动和安全技术国家重点实验室等国家重点实验室，积极培育创新人才。

从区域竞争格局及市场空间来看，我国 70% 的自主品牌汽车整车生产企业布局在中东部地区，如珠三角、长三角、环渤海以及东北地区。其中，珠三角地区占 7%，长三角地区占 22%，环渤海地区占 20%，东北地区占 21%。另外，中部地区形成了以十堰—武汉为核心的汽车工业集群，西部地区形成了以重庆为核心的汽车工业集群。我国的汽车产业经过多年的发展，产业链布局不断完善，目前已经发展成为一个"制造—营销—售后服务"的行业群集成，是汽车产品这个纽带将它们连接成既互相依靠又分工不同的产业链。如上海大众、上汽乘用车和区域内 300 多家强大的汽车零部件供应商形成了一个完整的产业链布局。

近年来,我国大企业集团的实力基本保持稳定。2014 年,前 6 家汽车生产企业的产销规模超过 100 万辆,前 6 家企业汽车销售量为 1859.33 万辆,占汽车销售总量的 79.2%。2015 年,前 6 家汽车生产企业共销售汽车 1914.84 万辆,占汽车销售总量的 77.9%。其中上汽销量突破 500 万辆,达到 586.35 万辆,东风、一汽、长安、北汽和广汽分别达到 387.25 万辆、284.38 万辆、277.65 万辆、248.90 万辆和 130.31 万辆。2016 年,汽车销量排前十位的企业集团销量合计为 2476 万辆,占汽车销售总量的 88.3%。

汽车行业发展的生态圈不断重构,跨界融合不断涌现。"中国制造 2025"和"互联网＋"有力地推动了汽车行业转型升级。2015 年 5 月发布的《中国制造 2025》明确提出将重点发展智能网联汽车。"互联网＋"为新常态下我国汽车行业的发展提供了创新思路。互联网技术的快速发展对汽车行业的发展产生巨大的影响。智能化、网联化等技术不仅可以改变汽车产品形态,也渗入到研发、生产、物流、营销等环节,催生了共享化、智能化、网联化等新模式。整车企业与零部件企业、整车企业与科技企业之间的合作不断加强,如广汽集团与腾讯达成战略合作协议,北汽与百度、上汽集团与阿里巴巴等开展战略合作。

(二)汽车行业发展面临的挑战

我国汽车产业发展仍面临不少问题,如中高端产品的市场仍被跨国公司所主导,在低端市场也受到合资企业和外资企业的挤压,以及我国品牌起步较晚、关键核心技术不足等。

1. 零部件的自主创新能力较为薄弱

只有自主创新才能够拥有自主知识产权和核心竞争力。多年来,我国大多数汽车零部件技术在引进国外技术后只是简单地模仿运用,再创新略显落后。核心零部件技术由跨国汽车企业和博世、德尔福、电装、爱信等零部件企业巨头控制,我国本土汽车零部件企业基础研发、系统开发的能力较弱。如电子控制技术较为落后,电控系统中的芯片很多仍依靠进口;作为汽车动力系统的关键零部件,自动变速器对进口的依赖程度较高。镁合金与国际领先水平存在一定的差距。合资企业对外方的技术依赖性较大,主要是处于加工生产状态,对汽车产业核心竞争力形成、拉动相关产业及技术发展的作用较弱。

2. 尚未形成具有国际竞争力的自主品牌

我国汽车的自主品牌与国际知名品牌还存在一定的差距。国外品牌历史悠久，这是我国自主品牌所不具备的优势。汽车产业是促进国民经济发展的重要推动力之一，世界各国一直致力于加强对汽车产业的控制权。各大跨国汽车公司纷纷加强在中国的市场布局，不断加大在各个环节的投入，一方面巩固中高端汽车市场的优势，另一方面加强对低端车的渗透，这对我国的自主品牌形成挤压态势。

我国汽车产业飞速发展，为汽车产业的品牌建立和自主技术创新提供了机遇，我国部分企业也抓住机遇建立了企业自主品牌，相应的汽车产业技术研发体系也不断健全。但由于我国汽车企业自主品牌意识不强，汽车企业自主品牌建立较困难，很多汽车企业仍依赖于合资模式。当前，我国自主轿车吉利帝豪、长安逸动、奇瑞艾瑞泽在市场上卖得较好，但主要是在低端市场；高端产品几乎都是外国品牌，我国的客车、货车、轿车自主品牌都比较少。

3. 需要进一步加快汽车的商业模式创新

以车联网为例，目前，国内车企推出的车联网智能系统，其基本原理大致相同，一般是通过网络通信手段实现远程连接，为车辆提供实时路况、通信等基本功能。但是，终端、系统层的标准并不统一，由于车联网较为复杂，这样商业模式目前还较为模糊，需要进一步完善。

4. 新能源汽车发展仍存在诸多阻碍

充电基础设施建设相对滞后，建设资金存在缺口，充电接口标准不统一，导致新能源汽车充电不够便利。电池是新能源汽车发展的关键，电池技术水平偏低，续航里程、安全、寿命等问题有待进一步突破。同时，低端电池出现了产能过剩。

5. 产业人才存在短板

我国汽车产业人才一直处于缺乏状态，尤其缺乏全球汽车行业的顶尖科学家和技术专家。相关数据显示，到 2020 年整个汽车行业新型人才缺口达到 100 万人，特别是具有综合型汽车管理岗位能力的高管人才缺口将更大。

同时，汽车从业人员还存在结构失调问题，汽车零部件企业、整车企业的科技人才与研发人员相对比较集中,汽车生产、维修领域的中高级技工缺口较大。由于中高级技工培训周期长、难度高,所以此类人才缺口短期内难以弥补。当前,产业跨界融合快速发展,对人才的知识结构要求越来越高。

(三)推动汽车行业转型升级的对策建议

应逐步解决经济新常态下我国汽车行业发展面临的重大挑战,进一步促进行业转型升级,提升行业的国际竞争力。

1. 提高汽车行业的创新能力

汽车行业转型应该与我国正在实施的"工业转型升级战略"和"汽车强国战略"相结合,聚焦于增强核心创新能力,坚持创新驱动发展导向,增强自主发展动力,实现转型升级。

完善以企业为主体的研发体系。以先进汽车电子、自动驾驶系统、核心芯片等为重点,加强研发与攻关,实现共性、基础性技术取得重大突破。大力支持智能网联汽车关键技术研发及应用,支持软件或互联网公司跨界研发。

2. 加强自主品牌建设

汽车行业应加强品牌培育,提高产品质量,提升企业的国际竞争力。汽车企业应加强可靠性设计、试验与验证技术开发应用,完善产品质量标准体系,健全全生命周期的质量管理机制,充分利用互联网、大数据等信息技术,提高质量控制能力,提升产品质量。

企业应提高品牌意识,积极实施品牌战略,提升品牌价值。企业可以充分利用国际产业合作、重大活动等机会对我国汽车品牌进行推广。行业组织可以考虑研究建立适合我国汽车行业特色的质量品牌评价体系。在现有汽车产业集聚区的基础上,进行改造提升,推动产业集聚向产业集群转型升级。具有一定优势的大企业大集团可以通过国际知名品牌收购和运管,提升自身技术水平。

3. 强化产业链合作,加强跨界融合

以互联网思维为指导,完善产业交流合作平台,鼓励汽车企业与互联网企业联合,推进深度结合,共同推动汽车新业态的培育。积极推进智能制造,鼓励企业在研发设计、生产制造等环节积极应用数字化、智能化技术。积极建设数字工厂、智能工厂、智慧工厂,促进企业实现大批量定制生

产。推进企业智能化改造提升,促进全产业链协同发展。

整车和零部件企业之间可以构建新型"整车—零部件"合作关系,探索建立产业或创新联盟,完善利益共享机制,整车企业与优势零部件企业在研发、采购等层面加强合作,建立安全可控的关键零部件配套体系,双方企业在关键零部件和"四基"薄弱环节可以进行联合攻关,鼓励整车和零部件企业协同发展。

4. 促进新能源汽车健康发展

习近平总书记指出,"发展新能源汽车,是我国从汽车大国迈向汽车强国的必由之路"。根据技术和市场的发展,完善政策体系,对标准体系不断调整,建立补贴政策动态调整机制。加强对电池与管理系统的研发力度,提高电池性能;多方筹措资金,推进充电基础设施建设。

5. 加大培养复合型产业人才的力度

在引进高端人才的同时,加大人才培养力度,着力培养汽车产业的科技领军人才、企业家、复合型等紧缺人才队伍,加强"工匠"人才的培养。汽车产业也需要大量熟练的产业工人,而产业工人的培养主要依赖于各种类型的职业学校和技工学校。因此,增加对职业学校和技工学校的投入,加强企业与职业院校之间的合作,培养大量具有"工匠精神"的高级技术工人,提高产业一线人员参与自主创新的能力。健全人才评价体系,完善人才激励机制,优化人才流动机制,改善人才生态环境,不断完善人才制度。

(四)汽车行业的数字化转型升级举措

1. 实现汽车商业模式智能化

智能化的商业模式具体指,使需求端与生产端直接沟通,实现消费者与工厂直接沟通的C2B模式,这种模式能够使消费者将其自身需求直接传达到汽车制造企业。

智能化的商业模式体现在销售环节的电商化和共享化。利用电商平台更好地实现汽车销售,各大汽车制造商也纷纷与天猫、京东等大型电商平台建立合作,这势必会成为未来汽车销售的发展趋势。在智能商业模式下,消费者与汽车制造商的长期沟通,再加上汽车制造商与供应商建立了更加密切的合作,这能进一步促进汽车智能化服务的发展。在电商销售平台上,一方面,消费者可以更加便利地选择自己喜欢的汽车产品;另一方面,平台为汽车厂商与零部件供应商提供了透明公正的交易环境,大大降低了成本。智能化的商业模式还体现在"产品＋服务"的混合商业模式,企业通过智能互联的产品生成数据,提供数字化、智能化的服务,由此参与到新的市场领域中,获得新利润收入。对企业来说,产品与数字化服务结合的商业模式增加了企业与客户直接沟通的机会,同时,所获取的大量数据有助于企业得到产业价值链上各环节的反馈,为自身制定更为科学合理的战略决策;对消费者来说,不仅获得了优质的产品,也获得了服务的价值。

2. 优化经营管理模式

在数字经济的背景下,汽车企业不能一味地采用过去的经营管理模式,而是应综合信息化与工业发展要求,完善产品市场中的客户关系与资本运作模式,优化企业发展战略与风险控制等重要经营管理环节,实现业务流程、资源管理、供应链管理、知识管理的全面信息化,推广先进技术和理念的应用,通过建立企业数字化、信息化的管理系统平台,通过收集的数据实现实时且精确的管理,确定企业经营管理上的优势。企业信息化的经营管理模式不仅可以有效集成设计、采购、制造、销售、服务等环节,也可以更科学地管理人力、物资、资金以及信息等模块,能够降低生产要素在生产过程中的浪费,有效整合企业内外部的资源,从而提高资源利用效率和要素产出效率,完善汽车产业链。

三、水泥行业的转型升级

水泥行业是国民经济建设的重要基础原材料产业,可规模经济效应,是高能耗、高污染行业,行业转型升级任务艰巨。当前,我国水泥行业正沿着低增长、低价格、低效益和高压力的"新常态"轨迹运行。我们要主动适应、积极应对我国经济建设的"新常态",强化创新驱动,引导水泥行业调整优化结构,积极推动行业转型升级,实现可持续发展。

(一)我国水泥行业发展现状

1. 产量保持平稳增长,行业效益有所好转

自 1985 年以来,我国水泥产量一直位居世界第一。近年来,我国经济增速放缓,由高速增长转变为中高速增长,投资放缓,水泥需求增长也逐步放缓,水泥产量的增速随之放缓。

当前,水泥行业整体效益有所好转。2015年,水泥行业企业亏损面约为35%,亏损企业亏损总额为215.36亿元,亏损额较上一年增长一倍多。全国31个省级地区中,有9个省的水泥行业出现亏损,约占29%。全年行业实现利润329.7亿元。2016年,由于受水泥价格持续回升等因素的影响,北方省份大幅减亏且多数省份实现扭亏,南方省份利润均有不同程度的上涨。2016年,水泥行业实现利润518亿元,较2015年有大幅增长。

2. 资源环境倒逼产业转型,技术不断升级

我国水泥行业在发展中面临的资源环境压力不断增加。国家在资源使用、能源消耗和环境保护等方面的改革逐步深入,环保执法力度越来越严,如为保护环境,工信部发布的《环境保护部关于进一步做好水泥错峰生产的通知》(工信部联原〔2016〕351号)规定水泥行业要实施错峰生产,而且水泥粉磨站在重污染天气预警期间应实施停产。《京津冀及周边地区2017—2018年秋冬大气污染综合治理攻坚行动方案》(环大气〔2017〕110号)规定,"2+26"城冬季错峰停产,主要是在北方采暖季中停止系列工业项目,以达到减少大气污染物排放的目的,水泥生产线就是被停产的项目之一。对于水泥行业而言,这意味着开采成本、环保治理成本将大大增加,这也在很大程度上推动着水泥行业不断转型升级。

在多种因素推动下,我国水泥行业的技术不断实现突破。当前,水泥行业技术创新,更多的是用信息化技术提升水泥生产监控和企业管理水平,从而提高劳动生产率;寻求新的可替代原料、燃料的使用,提升能效和增加资源综合利用水平;采用更先进的环保技术,降低污染物排放和温室气体排放,以降低环境负荷总量;利用水泥窑炉高温和大处置能力的特性,开展城市垃圾、污泥、危废的协同处置,为城市化发展作贡献;引进生物多样性的理念,推行水泥绿色矿山采运的生产管理方式,使水泥企业在消耗石灰石矿山资源的同时,创造新的生态文明环境。新增产能将严格控制。

3. 行业集中度不断提高,产业组织结构合理化程度提升

我国水泥企业众多,各企业之间市场重叠度高、互相影响较大。《关于促进建材工业稳增长调结构增效益的指导意见》(国办发〔2016〕34号)提出,到"十三五"末,前十大水泥熟料集中度达到60%左右。水泥行业的集中度不断提高。2014年底,我国水泥企业数量超过3000家,各地区竞争形势错综复杂。以湖南省为例,前四大水泥企业行业集中度接近80%,但由

于企业数量过多,各自为政,使得湖南省水泥价格长期处于全国最低水平。到2016年,全国前10家水泥及熟料企业的行业集中度分别为44%和58%,比上年分别提高5.0个和7.0个百分点。

水泥企业兼并重组为行业的发展带来了新面貌,其中,较为典型的兼并重组案例如金隅和冀东的整合、中国建材和中国中材的合并、华新水泥进一步整合拉法基中国水泥资产。这些案例属于大企业间的强强联合,对水泥行业的发展具有一定的示范效应,促进行业集中度的提高。

此外,"毒水泥"生产商的治理取得成效。按照国家资源综合利用相关政策,水泥、熟料生产中掺兑废渣达到一定比例即可享受税收优惠等政策。虽然国家对废渣的种类进行了明确的规定,但部分企业为了追求利益,竟然使用无机盐厂铬渣、焚烧发电厂炉渣等有毒有害物质作为掺合料,产生了"毒水泥",这类"毒水泥"中锌、锰、铬等重金属严重超标,对水泥使用者和住户的身体健康都具有极大的危害。为此,各地方质检、环保等部门加大对水泥产品的抽检力度,对于这类企业,发现一家、取缔一家。

(二)水泥行业发展面临的挑战

我国水泥的产量虽然较大,但还不是水泥强国,水泥产业的产品结构、技术结构和组织结构还需要不断调整、转型和升级,以解决近年来一直饱受困扰的产能过剩问题。

1. 产能过剩问题依然不容忽视

当前,我国水泥行业出现了严重的产能过剩。2013年国务院发布的《关于化解产能严重过剩矛盾的指导意见》(国发〔2013〕41号)明确指出,水泥为严重过剩产业,要求"各地方、各部门不得以任何名义、任何方式核准、备案产能严重过剩行业新增产能项目"。2016年,国务院把化解产能过剩作为重中之重的工作,发布的《关于促进建材工业稳增长调结构增效益的指导意见》(国办发〔2016〕34号)再次明确提出严禁新增产能。

我国水泥行业的产能利用率明显低于正常的工业发展水平。所以,虽然我国水泥行业经济运行呈现回升、稳中向好的势头,但产能过剩矛盾没有得到根本缓解,供给结构仍待进一步优化。

2. 技术水平有待进一步提高

目前,我国水泥行业整体技术偏低,落后工艺水泥产量占总产量的30%,能耗高、能源利用率低,对环境带来严重的污染。许多技术环节还需要跟踪模仿外国技术,在理论上和关键环节缺乏突破。科技研发分割体制对创新具有一定的阻碍。由于科技研发体制分割,水泥行业的技术研发环节处于割裂状态,难以形成联合创新,资源和人才投入不能实现有效集成,难以形成研究合力。第二代新型干法水泥技术具有高效节能减排、"协同处置"废弃物、充分利用余热、高效防治污染、低碳技术等特点,但第二代新型干法水泥创新研发后劲不足。水泥窑"协同处置"技术发展需大力推进。虽然部分企业已具备了比较成熟的水泥窑"协同处置"技术,但大规模推广仍存在一定困难。

3. 环保压力依然较大

我国水泥产能巨大,行业自身的特点致使我国水泥行业的节能减排面临着巨大的压力。由于我国水泥行业的产量较大,所以该行业的粉尘、CO_2等的排放量较大。水泥生产包括多个工艺环节,如水泥粉磨、熟料煅烧、原料开采等,都会大量排放 CO_2。水泥行业的核心工艺就是熟料煅烧,由生料煅烧成熟料需要大量的热量。而目前我国的主要燃料就是煤,煅烧过程要利用煤炭燃料产生的热量,而煤炭在燃烧过程中也会产生大量的 CO_2。在水泥企业环保执法方面,对不同的企业,尺度不大一样,随意性比较大,容易造成不公平竞争现象。我国水泥行业基本上完成了行业的技术结构调整,但仍存在着少部分新型干线规模小、技术指标不符合能耗、环保标准等问题。

(三)推动水泥行业转型升级的建议

1. 积极化解过剩产能,优化存量

我们应继续严格遵守国家规定,限制新产能的增加。坚决淘汰落后产能,当前,国际上通用的基本上是 42.5 水泥,占比约 50%,其余的 50%是标号更高的 52.5 和 62.5 水泥,但我国水泥中,32.5 的仍占有较大的比重,所以,我国应积极淘汰品种低标号的水泥。针对当前我国部分地区水泥行业的企业集中度还较低,存在无序竞争、恶性竞争、低价倾销等问题,如 2015年水泥行业前十家熟料产能 97724 万吨,前 10 家企业行业集中度为 54%,应加大兼并重组力度,进一步落实相关政策,加强引导,促进企业做大做强,通过重组化解过剩产能。鼓励和支持有条件的企业到海外进行投资,或与其他行业企业联合起来,共同走出去。

精心优化存量,是新一轮转型升级的一个重要突破口。可以考虑出台一些新标准、新规范,引导企业有效地优化存量。可对不同的企业进行分类指导,有针对性地解决问题。积极引导企业加大技术改造投入,促进技

术升级。对于规模合理的生产线,进一步优化设计,有计划地、有针对性地更新设备,进一步提高竞争力。对于规模较小的新型干法线,可以研究转产方案。随着高层建筑增加和混凝土制品行业的发展,特种水泥和建筑骨料需求上升,可以探索转型生产特种水泥或配套陶粒骨料。

2. 通过技术升级促进绿色发展

在现有技术基础上,通过自主创新、集成创新和协同创新,使我国水泥生产线在环保功能、产品质量、品种、智能化程度、污染物控制与减少排放、资源能源利用效率等方面都得到进一步提升。积极推广新技术的应用,如窑炉节能技术、氮氧化物减排的分级燃烧、SNCR 和 SCR 技术、高性能熟料和水泥产品生产技术、企业能效管理技术等。积极推行超洁净排放,降低工业污染物的排放量。全面推广水泥窑"协同处置"技术,利用水泥窑"协同处置"城市生活垃圾,逐步替代传统落后的焚烧及填埋处置城市生活垃圾形式,缓解城市垃圾问题。实现水泥行业转变为"两型一绿"行业,即"环境友好型、资源节约型、绿色循环产业",打造环境友好、资源节约的绿色水泥制造行业。

3. 提高产品标准,延伸产业链

以提升标准、创新标准来促进行业转型升级。通过制定、修订标准加快推广高性能混凝土使用,鼓励生产和使用高标号水泥。加大科研力度,研发水泥新品种,大力发展高品质的水泥深加工产品,改善产品性能,开拓新的应用领域。要切实转变发展观念,转变依靠单一水泥产品规模实现增长的传统发展方式,通过优化技术、品牌、管理、资源、市场等要素配置,着力做强以水泥熟料为龙头的主业,实现纵向一体化和横向多元化发展,开创企业新的利润增长点。可利用矿山优势和资本优势,进入混凝土骨料市场,以发展绿色矿山为契机,提高混凝土骨料市场导入成本,占领当地骨料市场。在多元化发展方面,统筹发展研发设计、工程服务、商储物流等生产性服务业,通过完善产业链、拓宽产品结构,发挥产业协同效应。

4. 创新业态模式

水泥企业应主动运用"互联网+",不断创新业态模式。深化新一代信息技术在企业生产经营中的运用,将"互联网+"思维与物联网技术结合,充分运用大数据、云计算等,改造企业的生产流程,提升管理效率,实现组织模式和商业模式的创新。大力发展水泥电商贸易,大中型企业可以向提供研发设计、技术改造服务等领域延伸,提供第三方服务,向服务型制造转型。

(四)水泥行业的数字化转型升级举措

数字经济下水泥工业必须加快推进两化融合,顺应时代要求,积极运用"互联网+"思维,努力拓展两面市场,不断创新水泥工业商业模式,助推水泥工业数字化转型升级。

一是加快推进"两化"融合。"两化"融合(即工业化与信息化融合)可以在水泥生产工艺中融入智能感知、人工智能、系统仿真等技术,大幅度提高生产效率,是升级水泥工业的重要途径。加快推进"两化"融合,应成立"两化"融合技术创新联盟进行技术攻关,努力集成水泥工业装备技术、工艺技术、管理技术和信息技术,并在有条件的企业进行试点,在试点的基础上总结提高,逐步在全行业推广。此外,建议由政府部门倡导,联合科研院所及相关企业共同搭建促进水泥工业"两化"融合的国家级服务平台,提高两化融合服务水平。

二是积极运用"互联网+"思维。互联网正在改变传统的运营模式和管理模式,"互联网+"思维已经在快消品行业得到大量运用,部分传统制造业也在逐步尝试运用"互联网+"思维进行运营和销售,水泥企业也应顺应时代潮流主动运用"互联网+"思维改造升级,开通网上商城(华新水泥已开通了华新商城,效果良好)、移动支付账户、微信支付、推广和应用移动终端购物平台等借助互联网采用O2O销售模式更大范围地宣传自己的品牌,传播良好口碑。此外,还可以尝试运用"互联网+"思维与物联网技术结合,努力实现生产运营的智能化,充分运用大数据努力实现云服务,不断提高生产效率和服务水平。

三是努力开拓两面市场。搭建平台,开拓两面市场是互联网时代一种重要的商业模式创新,水泥工业也应尝试开拓两面市场,推进商业模式创新。大型水泥企业可以以"随时随地为顾客提供绿色节能水泥产品及制品"等为价值理念,搭建起绿色节能水泥产品及制品供应与服务平台,利用平台的吸引力,邀请与客户相关的各企业加入到平台中来。平台企业既面对着消费者,同时也面对着加入进来的企业,消费者和企业通过平台建立起价值网络,实现资源优化配置。消费者、企业和平台企业都从中获益,同时也更大范围地传递企业口碑,进一步加快水泥工业数字化转型升级。

第三节 服务业数字化转型的典型案例

一、O2O 餐饮模式

在中国广阔的 O2O 市场,餐饮服务业是最早启动的市场,他们的市场模式比其他领域更加成熟,服务也日趋专业和精致。除了 14 亿人口的巨大基数和民以食为天的传统,中国的城市化是重要驱动因素。城镇居民随着城市化的推进不断增加,他们的生活节奏忙碌,家庭自己准备三餐的传统已经成为历史。

人群中 20～30 岁的白领青年收入较高,对移动互联网已全面接受,崇尚便捷舒适的生活方式,是 O2O 餐饮服务的重要消费群体。从地理上看,经济发达城市里的商业楼宇和住宅小区是外卖平台角逐的主要战场。

团购形式的大幅折扣是这一领域增长的最早驱动力。大量的中国公司在 2010 年和 2011 年进入团购业务,它们以美国的 Group on(美国一家公司,成立于 2008 年 11 月,以网友团购为经营卖点)为模式,但是很多都是昙花一现,在烧光了投资人的钱后悄然关闭。在 2015 年美团和大众点评并购之前,大众点评、美团和糯米这三家分别由中国三大互联网巨头支持,是经过惨烈竞争后最后剩下的三家最大规模的公司。美团成立于 2010 年,有阿里巴巴作为重要股东,拥有最大的团购市场份额(50%)。大众点评不仅有团购,还有餐饮服务的评价,大众点评有大约 30% 的市场份额。而第三名糯米,由百度全资控股,有大约 15% 的市场份额。

由于各方都付出大量的补贴赢取用户,市场对这些公司的估值越来越谨慎,其最大的担忧是顾客的黏性,也就是说顾客的购买决策可能主要是因为补贴幅度大,而不是服务质量。一旦补贴减少,他们可能会到别家消费。线下商户也担忧,当互联网公司成为服务预定领域的主要渠道,它们最终会减少甚至停止补贴,而商户只好自己面对那些已经习惯于人为低价的顾客。但是乐观的看法是,一旦顾客习惯于 O2O 服务("用户习惯"形成),他们会继续出于方便而使用,即使没有补贴(这一点在经济最发达的上海似乎已经出现)。

当美团和大众点评于 2015 年 10 月宣布合并时,市场多预计团购领域的价格战将会结束。然而,从美团、大众点评合并以来,竞争态势已经发生了很大变化(百度的战略方向在 2016—2017 年发生变化,未来百度糯米 O2O 业务可能不再是公司发展重点),但是高投入的用户争夺战还在继续。

合并之时,合并后公司总估值估计为 150 亿美元。不久之后,合并后公司于 2016 年 1 月融资 33 亿美元。腾讯在这一轮中领投,并随即成为新美团、大众点评的主要投资人。

腾讯在美团、大众点评合并上的持续介入和它在很多互联网领域的战略是一致的。由于微信拥有数亿活跃用户,腾讯的战略不是自己去运营,而是从其他新兴科技公司获取少数股份或合作,让崛起的新势力与腾讯的社交平台之间形成依存关系。具体来说,餐饮评论网站和腾讯微信平台形成完美搭配,因为餐饮具有社交属性,而中国用户更重视别人对餐馆的评论。微信用户在平台上讨论最多的可能就是去哪里聚餐,去哪个网站订餐厅位子优惠更多。微信小蜜蜂,也为他们社交网络的朋友圈积极推送餐馆信息和评论。

在美团和大众点评合并后,阿里巴巴从合并后公司退出。据媒体报道,阿里拥有相当于合并后公司 7% 的股份;2016 年 1 月,阿里以折价出售了其在美团持有的多数股权,只留了一小部分,成了一名普通的财务投资者。但这并非意味着阿里退出了 O2O 餐饮服务领域。相反,阿里决定亲自上阵,将未来的战略重点放在其自有的在线餐饮优惠公司口碑和在全国餐馆普遍使用的支付宝系统。更重要的一面是,阿里巴巴似乎将支付宝置于未来 O2O 业务的中心。

在和团购应用的直接竞争中,支付宝也向顾客推送优惠券。其中的巧妙之处在于,消费者可以下载优惠券,而只有通过支付宝支付账单才能享受折扣。由于支付宝已经在很多商户处广泛使用,用户也容易习惯于只通过支付宝完成交易。

如果考虑到阿里巴巴支付宝的 App 日活跃用户数据早已过亿,而美团、大众点评和糯米三家专门的 O2O 平台在合并前,日活跃用户数据还只是在一千万数量级,那么美团未来与阿里巴巴的博弈可能比和点评合并前更为激烈。根据艾媒咨询在 2016 年底的外卖市场专题研究报告,2016 年第四季度美团外卖活跃用户占比达到 38.2%,饿了么紧随其后以占比 33.9% 居第二,第三位百度外卖仅占比 19.3%。

总之,餐饮外卖市场经过 2014 年、2015 年的补贴圈地时代,外卖平台商户资源趋同,开始意识到精细化运营的重要性,已走向比拼用户体验、送餐速度及品牌建设等各方面综合运营能力阶段。投资者越来越担心补贴模式和公司估值,盈利问题是市场关注的核心问题。据媒体报道,2016 年美团的亏损扩大,估值大幅缩水,公司估值从 180 亿美元下降到 100 亿美元,降幅超过三分之一。

现有的公司仍然还是需要找到一个可持续的收入模型,然后还需要找到盈利模型。在行业层面,美团出售猫眼电影票业务、饿了么进军传统物流业等,都反映出当前外卖领域面临盈利的共同挑战。

外卖业务O2O所面临的盈利挑战是整个O2O行业降温的一个缩影,更多的小规模、缺少资金支持的O2O平台已经因为未能实现盈利而相继倒闭。美团往餐饮的上下游深入(例如近期与光线传媒、华润集团的战略合作),甚至管理层表示,美团点评将会成为中国互联网第一家对产业介入最深的公司。

二、微博以 UGC 重新崛起

社交媒体公司微博在2017年初的年度财报显示,2016年是微博历史上业务发展和股价表现最好的一年。一年前,微博的股价在15美元左右徘徊,但一年之后,微博股价一度接近60美元,整整上涨了四倍。与此同时,微博的市值超越社交媒体始祖美国 Twitter 公司。

简而言之,可以用三个爆发来总结微博在2016年实现的突破:用户爆发,商业化爆发,流量爆发。视频和直播、网红经济以及垂直领域自媒体生态共同驱动了微博的快速发展。微博已经不再是成立之初的"Twitter模仿者",而是成为类似于 Twitter(文字分享)+ Instagram(照片分享)+YouTube(视频分享)的综合平台。

2006年,Twitter 在美国成立,创始人的理念是 Twitter 能让人们更便捷地共享信息。新浪微博于2009年面世,在初期和 Twitter 的确有许多相似之处:不但在发布内容时都同样设置140字限制,而且早期都是通过邀请名人、明星、商业领袖、舆论领袖等入驻来迅速聚拢大量人气。微博早期的策略可以概括为"大V"化和时政化,被视为中国"大V"们聚集的最大舆论场。2014年,微博在美国纳斯达克交易所上市。然而在此时,腾讯的微信作为新的社交媒体平台已经累计了更多的用户,微信的朋友圈也提供了与微博相似的信息分享功能,因此微博的前景在中国并不被看好。

微博的重新爆发来自微博在社交与媒体之间,选择了偏重"媒体"的属性,也相应形成了它与 Twitter 和微信的差异化。Twitter 的重心在帮助用户更好地分享信息,而不是消费与创造娱乐内容。由此 Twitter 更偏重社交属性,在创立之初 Twitter 用户只能向好友手机发送文本信息,而不是公共发布。这主要是因为在 Twitter 发展初期,智能手机刚刚开始普及,用手机照相和录制视频还不是一个流行的功能。然而,随着智能手机的普及,图片和视频逐渐成为用户在社交媒体平台分享的主要内容。

与媒体定位相对应,微博将"娱乐内容"作为主要发展方向。如果说最初微博是为大众提供了一个舆论平台,那么在近年为了适应消费者的泛娱乐消费需求,今天的微博已转型为一个能够支撑进行各种内容创作形式的社交媒体平台。微博支持了图片、视频、文章等丰富的内容形态,在 2016年更是取消了 140 字字数限制,让不同用户可以消费不同类型的内容,资讯或文学,娱乐或专业,长短不论,一切内容都可承载。现在的一条微博早已不是 140 个字的无聊分享,大多数时候是带图、带短视频或直播、带互动点评的综合体。

为什么微博会突然再次爆发?

最主要的原因其实很简单,就是响应了用户获取和消费信息方式的升级。通过支持多媒体,微博超越了最初的文字定位,大幅提升了内容的数量和质量,进而增强了用户活跃性;尤其是通过视频和直播,微博获得了远比社交要高得多的用户黏性和活跃度。

在 2015 年三季度,微博图片发布量已占据整体内容 65%,它成为中国事实上的 Instragram(照片分享)。视频方面,2014 年夏天从美国启动的冰桶挑战在中国爆发,很多明星、大佬将各自"冰桶挑战"视频上传到秒拍(微博是投资方),并透过微博广为传播,一举奠定了微博在国内短视频行业的霸主地位。

通过与秒拍、小咖秀、一直播三个视频生态的合作,微博获得了大量的内容和关注,很快成为最大的综合直播平台。

为什么是视频?

为什么在 2017 年,网络娱乐的中心是视频? 甚至还可更进一步,为什么自媒体的中心是视频?

根据美国加州大学洛杉矶分校教授阿尔伯特·梅拉宾的研究,当一个人在表述自己的喜好的时候,55% 的信息是来自肢体语言和表情,38% 是来自语音、语调,7% 是来自说话的内容。也就是说,在人类社交过程中,只看到文字、听到声音相当于遗失了 55% 的有效信息。人们之间的沟通更加需要可以传达表情、图像等元素的社交工具,以获得信息的"深度"和"广度"。

同时,快节奏的现代生活也要求信息传递的高速度("社交效率")。与图文等静态资料相比,视频能够显著提升社交互动的效率。"在干嘛"是很多社交联系都会先问的。视频的高效在于,问一句后,拍一个 10 秒内的短视频就能说明大部分问题。

一是在技术上,智能手机使用人口已近饱和、4G 网络的完善、5G 时代的到来、Wi-Fi 不断普及等,对普通用户也不存在技术门槛,加快了视频的生产和传播。"90 后",特别是"95 后""00 后"年轻一代,他们的社交习惯与年龄更大的群体存在巨大差别，他们渴望更有个性的社交环境，更加喜欢视频、直播等社交方式——这从近年来直播在中国市场上的火热状态可见一斑。UGC（用户原创内容）直播，是2015—2016年新兴的在线娱乐方式，代表了视频自媒体进入到了新阶段。

二是借助平台优势，深挖网红经济。网红经济（即围绕网络红人的商业模式）是当前最热的风口之一，而微博本身就是网红经济最佳的孵化平台之一。

微博在形成社会关注、打造及借力明星等方面都充满经验，除了可以为网红提供获取新粉丝的有效渠道，还为网红提供了广告、电商、打赏等丰富的变现方式。微博和秒拍合作推出的"一直播"，就是网红经济的重要平台。2016年5月，韩国演员宋仲基在北京举行粉丝见面会，吸引了1100万人次围观"一直播"，点赞达到2900万。随着网红从偶发行走向产业化，微博从当年的明星"大V"（拥有众多粉丝的明星微博用户）策略转型扶持草根红人（来自民间的"大V"，或者说"老百姓成名"），成为网红专业化生产的平台。

三是网红加电商模式的崛起。近几年，微博的阅读量、用户量一直在上涨，但对于当时的微博，"大V"们的影响力并没有能完全实现商业变现。直到2015年，在微博上变成网红，继而向淘宝店铺倒流的电商模式才正式形成，成为变现的渠道。微博平台的"社会化电商模式"（Sociale-Commerce）形成后，从"大V"又进一步向"专V"（持续输出专业知识而拥有大量粉丝的微博用户）和"中V"（拥有中等数量粉丝的微博用户）渗透。"专V"和"中V"在微博上的粉丝通常在百万数量级，和一线明星比起来，这只能算一个零头；然而一线明星数量有限，且变现成本高，而且明星"大V"也未必和"专V"和"中V"一样那么活跃。通过在广泛行业领域的内容营销和网红电商的交集，微博扩大了对垂直行业的覆盖范围。

总之，微博初期通过"大V"、明星、舆论领袖等成功吸引用户关注，成为领先的社交平台。后因更加新潮的即时通信工具——微信的横空出世，用户关注度和流量逐渐被分流。最近两年微博通过重新定位"社交媒体"，利用新媒体方式的多样化、内容领域的垂直化培养了一大批"网红"、行业"大V"和"专V"、草根红人。同时，在广告收入之外，增加了"社会化电商模式"收入等多种收入渠道，成功地在数字经济2.0时代以新模式再度崛起。

在重新崛起的过程中，最出人意料的是微博虽然失去了在特大城市精英阶层的关注度，却成功吸引了中小城市的一大批年轻用户。过去3年里，微博从一二线城市走到了三四线。根据2016年底的媒体报道，微博用户中三四线及以下的人群有 1.7 亿,而且新增用户中有超过一半的用户来自三线以下的区域;同时,月活跃用户中 18 岁至 30 岁的年轻用户有 2.26亿,几乎占到了整个平台的 80%。如果微博继续实施渠道下沉战略,用户规模应能继续增长。

　　未来的挑战在于,微博能否持续吸引年轻群体,激发他们的创新能力,使微博将成为自媒体的首选平台。作为广播型社交媒体,微博的影响力主要还是要靠"大 V"和明星的带动。虽然目前微博平台上的"中小 V"群体正在崛起,但如果年轻个人用户在微博平台上的内容不受关注,也无变现渠道而成为"扑街写手",将会影响到用户参与的积极性。就如网络文学经过十多年的行业发展,形成了巨大数量的"小神",构建了网络文学生态圈的基础,微博能否形成巨大数量的"中小 V",并为他们提供变现渠道,可能需要经过一段时间整合,也是微博未来的关键所在。

三、星巴克案例:在移动支付领先

　　2017 年情人节前夕,星巴克咖啡公司宣布与腾讯微信联袂打造的全新社交礼品体验"用星说"正式推出,从而使星巴克成为首个在微信上推出社交礼品体验的零售品牌。在活动中,用户可以在微信上实时将星巴克的礼品卡和饮料券作为礼物送给亲朋好友,并且在赠送时添加文本、图像或者视频一同送出祝福。对方收到分享的礼物后,可以将其保存在微信账户中,随时前往星巴克门店进行兑换。

　　"用星说"活动反响热烈,据报道,在情人节期间,许多星巴克的门店里当天超过一半的顾客参与了该活动。不过在业内看来,星巴克在 2017 年才引入微信移动支付,似乎是姗姗来迟。在这背后,包含了星巴克公司对于中国市场移动支付普遍程度的低估,也显示跨国公司对于中国用户的特征缺少深入了解,从而不能及时有效地满足中国用户的诉求。

　　令人惊讶的是,星巴克在美国已经是移动支付的先行者,但是在中国还是低估了本地移动支付的广泛流行。早在 2009 年,星巴克就在北美推出了第一款 App,便于消费者绑定会员卡进行手机支付,后来用户的信用卡和 PayPal 账户也可添加到 App 内为会员卡充值。2015 年起,星巴克推出"手机下单和支付"(Order&Pay),用户只需在星巴克的 App 上提前下单并在线付款,就可以让星巴克提前准备好订购的饮品,免去排队等候的烦恼。因此,星巴克在发达市场已经熟稔于移动支付,并且形成了自己的模式。

　　然而,星巴克在中国地区的移动支付进展步伐较为缓慢,在 2015 年才开始复制美国的移动支付方式,但仅支持将星礼卡关联到官方 App 的俱乐部账号来实现移动支付。而同一时间,以阿里巴巴的支付宝和腾讯的微信支付主导的红包大战使移动支付遍及千家万户。无论是大城市的商场、超市,还是街边的水果摊乃至城乡集贸市场,使用微信或者支付宝扫码支付已经成为中国消费者的日常支付选项。

换言之,当第三方电子支付(微信、支付宝等)更为普及时,星巴克坚持自身 App 支付的做法与中国市场大潮流相左。从星巴克的业务发展看,其与微信的合作有着必然逻辑。星巴克公司在中国市场增速放缓,需要打造个性化、社交化的场景,经营社会化的客户关系,创造新需求。微信本身就建立在以亲人、朋友为主的熟人社交基础之上,账户间的交易带有浓厚的社交属性——多表现为微信红包或转账。面对中国市场的独特性,星巴克最终选择了"入乡随俗",用更开放的心态拥抱更具有优势的本土移动支付方式。

星巴克案例显示,国外公司对于中国数字经济的发展有认知上的差距。一方面,它们低估了中国市场里本地移动应用 App 的普及程度,例如第三方移动支付。可以说,中国用户的移动支付消费习惯基本上是被支付宝和微信支付培养起来的。外国品牌想在中国市场推广移动支付方式,这两者是无法忽视的存在。

另一方面,国外市场更习惯于用一款软件解决一个功能需求,更强调简约;但中国用户没有一款软件只有一个主功能的概念,更倾向于类似微信这样"超级 App"来处理方方面面的需求。最典型的超级 App 例子莫过于三巨头 BAT 各自的大平台。无论是在阿里巴巴旗下的淘宝上,还是百度地图,或是腾讯的微信,人们都可以购买日用百货、给网络游戏充值、呼叫快车、扫描折扣券、搜索旅馆、买电影票以及在邻近找到任何类型的休闲店铺。在那些存在本土化的需求,却并没有被海外领先的公司很好地满足的领域,或是海外公司"水土不服"的地方,都形成了中国企业的创新空间,并且为中国创新者提供了赶超欧美的机会。

参考文献

[1] 刘志彪.产业经济学[M].2版.北京:机械工业出版社,2020.

[2] 张向前.互联互通蓝图下中国产业转型升级与经济中高速增长研究[M].北京:北京日报出版社,2019.

[3] 易高峰.数字经济与创新管理实务[M].北京:中国经济出版社,2019.

[4] 李晓钟.数字经济下中国产业转型升级研究[M].杭州:浙江大学出版社,2018.

[5] 刘勇.传统产业转型升级:机理、路径与政策[M].北京:经济管理出版社,2017.

[6] 左鹏飞.信息化对中国产业结构转型升级影响研究[M].北京:经济管理出版社,2018.

[7] 李悦.产业经济学[M].5版.大连:东北财经大学出版社,2019.

[8] 汤潇.数字经济:影响未来的新技术、新模式、新产业[M].北京:人民邮电出版社,2019.

[9] 马文彦.数字经济2.0[M].北京:民主与建设出版社,2017.

[10] 郧彦辉.中国产业转型升级重点问题研究[M].北京:经济管理出版社,2018.

[11] 王岳平.中国产业结构调整和转型升级研究[M].合肥:安徽人民出版社,2013.

[12] 刘伟,张辉,黄昊.改革开放以来中国产业结构转型与经济增长[M].北京:中国计划出版社,2017.

[13] 郑江淮,张二震等.昆山产业转型升级之路[M].北京:人民出版社,2013.

[14] 白清.全球价值链视角下中国产业转型升级研究[M].北京:经济管理出版社,2018.

[15] 刘涛雄,张永伟,罗贞礼.中国产业政策转型研究[M].北京:经济科学出版社,2018.

[16] 程文.中国企业创新与产业转型升级研究[M].武汉:华中科技大学出版社,2018.

[17] 黄汉权.新时期中国产业政策转型:理论与实践[M].北京:中国社会科学出版社,2017.

[18] 盛朝迅.大型零售商主导产业链:中国产业转型升级新方向[M].北京:经济管理出版社,2014.

[19] 徐礼伯,张学平.美国"再工业化"与中国产业结构转型升级[M].北京:经济管理出版社,2019.

[20] 王丰阁,刘敏.区域创新系统与中国产业结构转型升级[M].武汉:华中科技大学出版社,2018.

[21] 朱建良,王廷才,李成,等.数字经济:中国经济创新增长新蓝图[M].北京:人民邮电出版社,2017.

[22] 李志刚.新连接:互联网＋产业转型,互联网＋企业变革[M].北京:电子工业出版社,2017.

[23] 肖兴志.产业经济学[M].2版.北京:中国人民大学出版社,2016.

[24] 张新红.数字经济与中国发展[J].电子政务,2016(11):2—11.

[25] 李长江.关于数字经济内涵的初步探讨[J].电子政务,2017(09):84—92.

[26] 王伟玲,王晶.我国数字经济发展的趋势与推动政策研究[J].经济纵横,2019(01):69—75.

[27] 臧蕊.数字经济产业发展对产业结构优化升级的影响研究[D].北京:北京邮电大学,2019.

[28] 张辉,石琳.数字经济:新时代的新动力[J].北京交通大学学报(社会科学版),2019,18(02):10—22.

[29] 茶洪旺,左鹏飞.信息化对中国产业结构升级影响分析——基于省级面板数据的空间计量研究[J].经济评论,2017(01):80—89.

[30] 徐虹,王彩彩.新时代下的乡村旅游研究再思考[J].旅游导刊,2018,2(03):20—40.

[31] 徐虹.乡村产业重构与创新[J].社会科学家,2018(11):7—10.

[32] 杨佩卿.数字经济的价值、发展重点及政策供给[J].西安交通大学学报(社会科学版),2020,40(02):57—65＋144.

[33] 张智越.数字经济对广西制糖业的影响及广西经济转型的研究[J].经济研究导刊,2019(15):50—51.